东方
文化符号

南京长江大桥

杨洪建 著

江苏凤凰美术出版社

图书在版编目（CIP）数据

南京长江大桥 / 杨洪建著. -- 南京： 江苏凤凰美术出版社, 2025.1. -- （东方文化符号）. -- ISBN 978-7-5741-1672-6

Ⅰ. U448.12

中国国家版本馆CIP数据核字第2024VL0136号

责 任 编 辑　李秋瑶
责 任 校 对　唐　凡
责 任 监 印　张宇华
封 面 摄 影　张家东
责任设计编辑　赵　秘

丛 书 名　东方文化符号
书　　　名　南京长江大桥
著　　　者　杨洪建
出 版 发 行　江苏凤凰美术出版社（南京市湖南路1号　邮编：210009）
制　　　版　南京新华丰制版有限公司
印　　　刷　盐城志坤印刷有限公司
开　　　本　889 mm×1194 mm　1/32
印　　　张　4.75
版　　　次　2025年1月第1版
印　　　次　2025年1月第1次印刷
标 准 书 号　ISBN 978-7-5741-1672-6
定　　　价　88.00元

营销部电话　025-68155792　营销部地址　南京市湖南路1号
江苏凤凰美术出版社图书凡印装错误可向承印厂调换

目录

前　言 …………………………………………… 001

第一章　群英汇宁 ………………………………… 007
　　第一节　武汉三大桥会议 ……………………… 009
　　第二节　赴苏联寻求帮助 ……………………… 013
　　第三节　基于国情的设计 ……………………… 015
　　第四节　宝塔桥的重生史 ……………………… 021

第二章　自主创新 ………………………………… 028
　　第一节　大桥底下的试验墩 …………………… 030
　　第二节　江底的沉井大佛 ……………………… 034

第三章　困难与险情 ……………………………… 043
　　第一节　两停两复的波折 ……………………… 045
　　第二节　险些夭折的3号墩 …………………… 051
　　第三节　勇闯"生命禁区"的潜水员 ………… 053
　　第四节　誓与沉井共存亡的建设者 …………… 057

第四章　天堑变通途 …… 063
 第一节　人民解放军支援大桥建设 …… 063
 第二节　桥头堡设计和施工 …… 068
 第三节　铁路桥首建通车 …… 078
 第四节　公路桥建成通车 …… 083

第五章　巍巍丰碑 …… 096
 第一节　祖国风光的画廊 …… 096
 第二节　古城上方的彩练 …… 104
 第三节　大国工匠的技艺 …… 108

第六章　心中圣地 …… 114
 第一节　中国桥梁建设的里程碑 …… 114
 第二节　现代文艺样式的红角儿 …… 116
 第三节　激情年代的集体记忆 …… 126
 第四节　永不停休的新章 …… 131

附　录 …… 140
 参加南京长江大桥设计、建设的单位 …… 140
 参加南京长江大桥建设的协作、支援、配合单位 …… 140
 桥墩开工及完成时间 …… 142
 南京长江大桥大事记 …… 142

后　记 …… 147

引 言

历尽千帆仍少年

1968年12月29日清晨,南京城飘着连绵细雨,整个城内近乎万人空巷,市民纷纷冒雨走出家门,因为谁都不愿意错过这一历史性的时刻。今天是南京长江大桥建成通车的日子!

次日,《新华日报》破例发了上午版和下午版。南京长江大桥全面建成通车的好消息在上午版,下午版是我国氢弹试验成功的消息。层层叠叠的套红标题透出浓烈的激动、兴奋和自豪,的确是彼时全中国人民心情的写照。

长江自古没有桥,天堑阻断交通。多少年来,在烟波浩渺的江面上,人们只能靠渡船来往于两岸,克服长江天堑这一愿景在千百年来都未曾实现。

早在楚汉相争时期,项羽于垓下之役突围后,被刘邦的军队一路狂追至长江北边的卸甲甸,他意欲过江却不得,只能向西逃去,最终在乌江拔剑自刎,历经多年的楚汉争霸就此落下帷幕。公元974年,宋太祖赵匡胤起兵10万伐南唐,用预制件在长江上成功架设浮桥渡江,这是我国在长江干流上建造的第一座正规军用浮桥。

　　清朝政府曾经筹谋过过江工程,由于技术难度太大而力不从心。1911年,津浦铁路建成后,因长江阻隔,和沪宁线不能贯通,止步于浦口。孙中山在《建国方略》中规划浦口为"长江以北一切铁路之大终点",准备在南京与浦口之间建过江隧道,由于各方面条件限制,这一宏图亦未能实现。1918年,中华民国北洋政府请铁道部顾问、法国桥梁专家在南京进行建桥的勘测,但仍旧没有结果。1927年4月18日,国民政府定都南京,修建长江大桥被写入未来城市发展的蓝图之中。1930年,国民政府以10万美金聘请铁道部顾问、美国桥梁专家约翰·华特尔来下关、浦口间考察,因水文复杂、地质条件差,华特尔得出"水深流急,不宜建桥"的结论。华特尔曾提过武汉长江大桥方案,但对南京建桥没有提出任何建议。国民政府只好派出专家赴欧美考察,最后把目光转向技术难度不大且比较经济的轮渡方案,并实行国际招标:由英国多门浪公司在两岸各建一座深入江心约150米的引桥,英国马尔康洋行承造蒸汽火车渡轮和一艘挖泥船。1933年10月22日,轮渡通车典礼在"长江号"上隆重举行。机车牵引三辆蓝钢客车驶上渡轮，渡轮载着列车缓缓凫至北岸，沪宁线和津浦线从此连接起来。此后，国民政府又先后于1936年和1946年两次考虑建桥，但因为战争的全面爆发而作罢。日军侵占南京时，出于侵略掠夺的需要，一度计划开凿浦镇至尧化门的过江隧道，但也只是纸上谈兵，说说而已。江面宽阔、水文复杂，在南京长江的江面上架桥，似乎是千百年来遥不可及的梦想。

中华人民共和国成立之初，百废待兴，恢复国民经济成为中央政府的当务之急，在经济相对发达的长江下游建造一座过江桥梁又被提上了日程。1953年南京编制了第一个城市规划草案，对外交通规划的部分已经开始考虑大桥的选址。在1954年重新编制的南京城市规划草图中，相关部门初定了南京长江大桥的桥址，并且在道路的规划上增强了和南京长江大桥之间的联系。由于长江阻隔，当时南北交通仅靠宁浦火车轮渡，日均16渡左右，每日只有一对直通客车由轮渡载运过江。20世纪50年代中期增加了3艘较大的渡轮，日均120渡，而渡口积压待运的物资常在10万吨左右，轮渡远远无法满足国民经济日益发展的需要。面对多方面的需求，1958年6月，中共江苏省委正式向铁道部党组和国家计委提交了申请报告，建议将南京长江大桥列入第二个五年计划，并争取在1961年建成。

1958年，中国人吹响了在长江上自己建造大桥的号角。一批军功赫赫的战将成为这支建设大军的管理者,一批国内知名的桥梁专家担当起技术顾问,全国各地的优秀技术工人汇聚建桥工地。可不曾料想,原计划两年半建成的大桥,主体工程施工竟然耗时9年有余,从开造到竣工更是前后逾十载!

1960年5月3日,施工队伍刚刚进驻浦口,晚上南京江面上突然刮起一阵龙卷风,没有任何防备的施工队因此伤亡惨重;正式开工不久,又遇上了三年自然灾害,再加上苏联"断供",大桥先后停工两次,进度停滞不前;复工之后没几年,1964年的秋汛洪水又差点使桥址报废;再之后,1966年国际形势骤然紧张,为压缩投资,尽快通车,大桥的规格用料一再缩减,简易到了极点;紧接着十年文化浩劫开始,大桥工地直接陷入了瘫痪……建设大桥的过程有多曲折,大桥的体格有多强健,大桥的故事有多传奇,长江水和紫金山都知道,试验墩和桥墩也知道,当年的参建者们最知道。如今,每当我们仰望这座巨型建筑,总会情不自禁地怀念和礼赞它那不凡的诞生历程。

一座跨江大桥,对一个城市来说到底意味着什么?江河意味着资源、机遇和广阔的发展空间,是人流和物流的血脉通道。世界上许多发达城市都是依山傍海迅速发展起来的,一座城市因为一座大桥而充满崛起的希望。南京长江大桥的建成震惊了世界,它使长江两岸的人们终于不必依仗使用了千百年的舟楫就可以自由往来。

铁路穿江而过，公路穿江而过，在地面交通上形成了国内发育最早最完整的水路、公路、铁路的运输枢纽，实现了三种运输方式的有效连接，这种连接对于南京、江苏乃至长三角区域的经济发展，有着举足轻重的历史性作用。今天的江苏省的经济体量与澳大利亚相当，全年GDP超过1万亿元的城市就有五个。而长三角区域则以占全国3.7%的土地面积，聚集了16%的人口，创造了24%的经济总量。南京长江大桥使江苏一带的战略空间格局发生了深刻的变化，为长三角经济板块产能的释放奠定了坚实的基础。

在很长一段时间内，大桥都是国家领导人陪同外宾参观的必经之地。南京长江大桥作为中华人民共和国的两大建筑奇迹之一，每每被周恩来总理提及，都备受国际友人称赞。

南京长江大桥不仅是中国工程技术领域的里程碑式建筑，更将长江的自然景观与工程工艺完美结合，成为最具时尚气息的人文景观。大桥建成后，其形象迅速风靡全国，成为照相馆里的布景墙，更成为每位来到南京的游客必去打卡之地，很多家庭的相册里，都会有一张与南京长江大桥的合影。没有哪一座桥像南京长江大桥这样，寄托着如此温暖动人、持久深厚的集体情感、民族荣光。

当这份特定历史时期的政治色彩渐渐褪去，大桥却展现出新的文化意义和人文价值。中华人民共和国成立60周年时，全国30多家媒体联合评选的"1949年—2009年的中国 60 大地标"中,南京长江大桥是仅次于天安门的标志性建筑。

南京长江大桥是在国内外环境极其恶劣的情况下建造起来的。从此以后,我国再没有跨不过去的江河。它是一首凝聚了万众一心、奋发图强的意志的英雄史诗,是一个国家和民族的集体记忆,更承载了"自力更生、艰苦奋斗"的精神传统。

大桥巍然屹立半个多世纪,中华民族改造自然、战胜困难、坚毅向前的正气永存。

历尽千帆,归来仍是少年。

第一章　群英汇宁

1953年4月，为建设武汉长江大桥，铁道部根据国务院指示，在武汉成立了铁道部大桥工程局，集中了全国铁路桥梁建设的人才，铁道兵副司令员彭敏任局长。

南京长江大桥工程上马的时候，前期准备十分充分。由中国顶尖级桥梁专家参加的长江三大桥技术协作会议，一连开了三次，先是相聚在江城武汉，继而转到

彭敏

十朝古都南京。当年国内物质条件匮乏，只有一些粗劣纸张印刷的会议文件留存下来。暗黄、脆弱的纸张上，一行行文字再现了会议讨论的情景，有打字机打的，也有钢板刻的，哪怕字迹变得难以辨认，却也弥足珍贵。因为，那是一代人对大桥最初的记忆。

建设中的武汉大桥工程局办公大楼及建桥新村（20世纪50年代）

武汉长江大桥

第一节　武汉三大桥会议

1953年，国民经济的第一个"五年计划"开始实施，一大批重要的基建项目在筹备之中，其中就包括武汉长江大桥的建设。日理万机的毛泽东对此十分关注，多次视察武汉，听取建桥情况的汇报。1956年5月30日，毛泽东表示："将来长江上修上二十个、三十个桥，黄河上修上几十个，到处能走。"

1956年，第一个"五年计划"末期，武汉长江大桥还在建设之中，国务院即提出修建南京长江大桥的计划，着手进行南京长江大桥的勘测设计工作，于年底完成草测。

1958年9月，在"大跃进"的形势下，铁道部决定由大桥工程局在南京、芜湖、宜都同时修建三座跨越长江的大桥。大桥工程局抓紧进行前期准备，邀请中国科学院技术科学部副主任赵飞克组织全国桥梁建设领域的主要科技力量，召开技术协作会议，动用全国的技术力量献计献策。

结构力学专家，中国科学院技术科学部副主任、院士赵飞克

经过紧张的筹备，同年10月21日至23日，铁道部与中国科学院技术科学部在武汉召开长江三大桥技术协作会议。参加会议的有科学院土建研究所、铁道部基建局、建筑科学研究院、同济大学等25个单位79人，李国豪、刘恢先、钱令希等国内各方面知名

专家、学者参加了会议。

会上,近百人济济一堂,根据勘测资料和初步设计方案,研讨了南京长江大桥桥址的地质、水文、气象及新技术的采用等一系列问题,成立多个委员会和专项小组,对方案轮廓、研究项目、协作方式和分工做了细分。

南京、芜湖、宜都三桥会议上,大桥工程局石景仁(左一)与同济大学副校长李国豪(右一),南京工学院副院长、南京市副市长刘树勋(右二)深入交流

两个月后,召开第二次三大桥科技协作会议。会上详细讨论了上次会议以后各单位有关南京长江大桥的研究成果和所提方案,共计上部结构方案39个,下部结构方案10个,美术方案40幅。大桥的造型是讨论的重点,在各

铁路桥梁工程专家汪菊潜　　固体力学家张维　　工程地质学家谷德振

桥梁工程专家、南京长江大桥技术顾问委员会主任李国豪　　结构工程与地震工程专家刘恢先　　计算力学工程结构优化设计的开拓者钱令希

单位提出的方案中，有的是原版图 60 表，有的是经过勘测设计处加工重新绘制的挂图，把饭店会议厅四面墙壁挂得满满的。

鉴于当时的技术条件、钢梁施工以及降低造价等因素，领导小组经过分组讨论、反复磋商，上部结构最后选定了大桥局设计的跨度为 160 米的连续钢桁梁方案。由于应力的要求，在跨端下边加一斜加劲弦。下部桥墩结构，因水深流急，覆盖层厚，分别采用3.6米大型管柱、钢沉井加3米管柱和浦口岸边的深沉井基础方案。虽然初步设计方案的制订时间非常短暂，但是集中了国内著名专家的意见，是集体智慧的产物。

有关院校和科研机构承担了相关的研究课题。同济大学、长沙铁道学院还结合毕业设计，将应届毕业生分配到大桥局勘测设计处工作。

大桥工程局组成筹备小组，抽调一部分人员到南京做筹备工作。大桥局机械经租站（1958年8月改为桥梁机械制造厂）开始研制生产建造南京长江大桥使用的机械设备和大批量的锚圈锚塞等。与此同时，筹备小组在武汉汉阳桥等十几座桥梁上进行各种试验，为建设南京长江大桥积累经验。两个担任施工的桥处也在积极进行包括施工方法、施工设施在内的实施性施工组织设计，这在尚未完全掌握大桥修建技术的年代是十分必要的。

1959年，中苏之间的分歧进一步加剧。国务院根据当时国家的经济实力，指示铁道部对三大桥建设重新作出安排：先上南京桥，芜湖改为轮渡，宜都桥则结合三线建设往后移。同年4月2日至5日，中国共产党八届七中全会在上海召开，讨论了南京长江大桥的建设问题。大桥局局长彭敏将大桥设计图纸一一张挂在会场墙上，汇报了南京长江大桥的建设方案和实施意见，得到党中央领导的肯定。

同年5月6日至10日，领导小组移师南京，召开第三次科学技术协作会议，对桥梁设计、建造等方面的问题尤其是基础方案进行了更深入的讨论。领导小组根据南京长江的水文、地质条件，提出了建议方案：水深在25米以内，考虑冲刷后所需钢板桩长度在40米以上者，采用钢沉井加管柱基础。会议还专题研究了管柱结构、振动打桩机及钻机结构。

同年9月，铁道部对设计文件提出了几点重大修改意见：通航净高由26米改为24米；为使7号墩能修建在较好的岩盘上，将各桥墩中心线沿桥轴线向浦口方向移25米；桥头建筑由128米改为97米。

第二节　赴苏联寻求帮助

在两次协作会议之间，有一段插曲。

在建设武汉长江大桥时，中苏合作采用了新型管柱钻岩基础方案，在苏联引起很大反响，苏联专家组组长康斯坦丁·谢尔盖耶维奇·西林（以下简称西林）被授予科学院通讯院士。苏联运输工程部部长也邀请我国派桥梁考察团赴苏介绍经验，希望进行更多的合作。南京长江大桥的基础深度达70米，是世界上最深的桥梁基础，在技术上有不少问题，也需要与苏联专家交换意见。

彭敏抓住时机，在长江三大桥第一次协作会议结束当晚，即带团赴苏进行访问交流。到苏后，彭敏提出两年半建成南京长江大桥，引起苏联桥梁界的重视和赞许。苏联运输工程部副部长霍林召集全苏铁路、公路、桥梁方面的权威专家，召开南京长江大桥专家研讨会。研讨会分成总体、正桥基础、正桥钢梁、施工组织四个小组进行，由中方分别介绍情况及草勘资料，苏方在莫斯科汇集讨论意见。

然而，苏联专家组却表示苏方也缺少经验，研讨结果难以形成统一意见。会下，彭敏、刘麟祥与西林进行了深入的研讨，西林建议采用大直径管柱高承台基础方案，可以保证两年半内建成大桥。他建议考察团回国后向领导汇报，聘请几位苏联专家，继续技术合作。而大桥局总工程师梅旸春主张采用沉井加管柱的结构方案。

当时中苏之间已经出现明显分歧，但是代表团仍然受到隆重热情的接待，考察时间长达47天，行程却十分密集。

由于苏方热情接待，食宿很少花钱，彭敏用生活费中节省下来的钱，请西林帮忙买了一台苏联产的小型电影摄影机。大桥局摄制组用这台摄影机拍了几部35毫米规格的科教片，如《南京长江大桥基础施工》《60米预应力梁》《双

铁道部部长滕代远向西林颁发周恩来总理署名的感谢状

臂钢围堰沉井下沉》等，留下了宝贵的技术资料，也把建桥的技术传播下去。

苏方赠送的书籍和技术报告有 32 件，涉及跨度 110 英尺钢筋混凝土试验、莫斯科地下铁路桥等；资料 13 件，包括苏联各地桥梁施工照片 36 张。

当时的局势下，再次聘请苏联专家进行技术合作已无可能。大桥局经过认真讨论，认为只有"自力更生、奋发图强"，才是唯一的出路。

第三节 基于国情的设计

当年，我国工农业总产值为 1600 多亿元，而南京长江大桥的总造价就有 2.8 亿元，可算是斥巨资打造。

1957 年 10 月 20 日，是武汉长江大桥通车后的第一个星期天，武汉市民倾城出动，上大桥参观，密密麻麻的人群站满了整个公路桥面。这时，人们突然感到钢梁有明显的晃动。观测数据表明，当时钢梁发生了竖直、横向及扭转振动。因而在制订南京长江大桥的设计方案时，有专家提出大桥的侧向稳定问题，为了安全起见，建议主梁采用 14 米的宽度，比武汉长江大桥增宽 4 米。为此，需多用钢材约 4000 吨，当时中国的钢产量只有 800 万吨。会议争执不下，报请铁道部审批，最终定下宽度为 14 米。

当时，南京长江大桥的设计参照了不少国际最新设计，甚至考虑过建造我国第一座过江隧道。原本初步研究隧道选址时，已确定在梅子洲一线比较合适，还仔细列出了江底隧道的施工方案，但最后因为江底隧道造价昂贵而放弃。

关于南京长江大桥的净空，在是否考虑海轮进江的问题上，铁道部和交通部没有取得一致的意见，铁道部设计为 20.45 米，交通部要求 26 米（后改为 29.4 米）。

铁道部认为，抬高大桥通航净空高度会引起如下的后果：第一，引桥过长不合理，长江下游两岸地势平坦，大桥的通航高度每增加 1 米，两岸引桥就需加长 500 米；第二，正桥的抬高和引桥的加长，不仅会增加桥梁的工程数量，还会增加大桥施工最困难的基础工程数量，也就会增加施工的困难，导致工期延长；第三，净空每提高 1 米需要增加投资 800 万元，由于大坡度的加长和列车爬高，铁路运营支出每年也要增加 25 万元（这还不包括公路的运营支出）；第四，倘若大桥抬得过高，桥头两岸引线也必须随之抬高和加长，这样就给城市带来很多干扰。例如车站引线到南京车站，较原地坪还高出 4 米，势必将整个车站抬高，旅客乘降将感不便。此外，铁道部认为，由于长江航道深浅不一，大型海轮进江不一定合理，也不够现实。

双方各执一词，争执不下，遂报国家基本建设委员会解决。国家建委召集有关部门研究了四次，并派出工作组到现场调查各种船只的高度，听取有关航运部门的意见。最后国家建委考虑海轮进江和三峡水利枢纽工程建成后水位的变化，建议桥下通航净空高度定为 24 米。获周总理

公路引桥施工

南京长江大桥吊装桥面

批准后，决定净空高度为 24 米。

之后，国家经济发生严重困难，铁道部要求压缩大桥投资。1962 年 6 月，铁道部副部长吕正操途经南京，提出将桥下通航净空由 24 米改为 20 米的补救方案。但一年后，铁道部又恢复大桥净空维持 24 米的方案。

关于南京长江大桥公路桥面的宽度，根据鉴定批准的初步设计，规定 18 米 6 车道，和武汉长江大桥设置相同。1962 年 7 月，国家压缩基建投资，大桥局为贯彻部领导勤俭节约的指示，降低工程造价，建议将公路桥面由 18 米改为 14 米，理由：南京长江大桥与武汉长江大桥的公路运输情况有所不同，武汉长江大桥连接三大市区，公路运输量比较大，而南京长江大桥北岸的浦口，则为南京市的郊区，设置 18 米宽的 6 车道似无必要。公路桥面宽度改为 14 米 4 车道，通过能力已经相当

铁道部关于大桥净空高度的批文

大，而且可以减少造价 380 万元。后来，铁道部批示，公路桥面宽度由 18 米改为 15 米，节约总价 280 万元。

1964 年，战备形势紧张，公路桥面一度又改为 8 米、12.3 米，直到 1968 年通车前夕才恢复到 15 米。

20 世纪 60 年代车辆非常少，整个大桥局就一辆小汽车，更没有私家车出现，4 车道在相当长的时期里，是适应通行需求的。公路桥的通行量设计上限为每日 1.2 万辆，

建设中的南京长江大桥

通车初期每天只有 5000 多辆汽车通过。

然而随着汽车工业的蓬勃兴起，南京城市的不断发展，南京长江大桥作为南京唯一不收费的过江通道，每日通行车辆增至七八万辆，成为华东地区最拥挤的交通要道。为了缓解南京长江大桥的交通压力，从 2005 年 12 月 20 日零点起，南京长江大桥禁止外地中小客车、过境大客车和货车通行，以让不堪重负的大桥喘口气。

南京长江大桥建设的难度之大，钢梁结构之复杂，是前所未有的，能够作为参照物来比较的就是刚建成不久的

南京长江大桥雄姿

武汉长江大桥。武汉长江大桥的超静定结构次数是 5 次，南京长江大桥的超静定结构次数是 11 次。正是基于这一原因，而且充分考虑到当时的国情国力和技术条件，仅是桥的钢结构方案的确定就经过了反复的研究论证和比较，提出的预选方案共有 39 个。最后，考虑到节省钢梁用料的需求，在有下加劲弦的 160 米、190 米和 192 米平弦连续梁中，确定了 160 米连续梁方案。

同样，南京长江大桥的跨度、公路面的宽度、通航净空高度等，并不是设计上的短视，而是根据当时的国力国情确定的。时至今日，早期的设计方案早已无法满足现代的需求。江水冲刷了时间，发展改变了一切。

第四节　宝塔桥的重生史

1956 年，武汉长江大桥还在建设之中，国务院即提出修建长江下游大桥的建设计划，铁道部设计事务所指定总工程师胡竞铭带队，组成由杨电雷等四人参加的设计小组。

胡竞铭（1904—1989 年），安徽滁州人，获美国康奈尔大学土木工程学位、密歇根大学交通工程硕士学位，并分别于两

胡竞铭　　　杨电雷

校毕业时获得金钥匙奖。"九一八"事变后毅然归国，先后参加了铁路建设、公路建设和机场建设等工程。中华人民共和国建立初期，任南京市人民政府建设局顾问工程师，并在南京工学院（今东南大学）、南京大学兼任教授，讲授材料力学。1953年任铁道部大桥设计事务所桥梁工程师（一等二级），先后主持了兰州黄河桥等10余座特大桥梁的设计工作。在调到铁道部之前，胡竟铭在南京工作过，比较熟悉情况。

南京长江大桥的勘设任务量很大，保密性强。小组来到南京，和南京市政府联系之后，请求政府提供一个工作地点。南京市政府在宁海路和北京西路交叉的西南角，找了一栋两层的小洋房，安排人员打扫整理完毕，还配备

南京民国公馆建筑

了办公桌椅、休息的床铺，使之具备了工作和生活的基本条件。

一条短短的街道，从东北向西南延伸不足1公里，建筑多达225处，经纬交织起南京民国公馆建筑的一部交响曲。从北京来到南京，工作虽然紧张，但是环境舒适。在静谧的小楼里，大家查阅资料，整理笔记，反复核对比较，为南京长江大桥这一永久性建筑选择最佳的建桥地点。随后，从北京来的勘测组钻探人员、地质人员，还有测量人员，都就近租了房子居住。

南京段的长江一般是指从安徽采石矶到江苏镇江这一段江面。这里的地形似一个肚兜，水深浪急，江宽平均1500米以上，最狭处也有1100米，水深多在15米至30米，最深处超过70米，流速为每秒3米。险要的地势，形成了"长江天堑"。胡竟铭带着大家看现场，先看南京再看芜湖。

南京市区多为丘陵小山，下关与浦镇之间七八公里宽的范围内则为冲积平原，长江宽度在1500米左右，是比较理想的建桥地点。设计小组在勘探时，选取了下三山、煤炭港和宝塔桥三个桥址方案进行比较。

下三山桥址在宝塔桥上游25公里处。路程虽短，但左岸联络线较长，运营里程加长，且地势低洼，路堤修筑困难。此方案缺点太多，很快放弃，未做进一步勘测。

煤炭港桥址在宝塔桥上游900米处，正桥要比宝塔桥

南京三山矶江面　　　　　　　南京煤炭港遗址

方案短 400 米。但是右岸桥头地势狭窄，联络线没有回旋余地，必须穿过池塘低洼地带，还需跨过运粮河，多建一座桥梁；另外，这里距离火车轮渡仅有 480 米，施工时会影响轮渡以及其他船只的航行安全，离市区也太近，影响城市规划。因此，该方案也未做进一步勘测就放弃了。

初步设计勘测任务书

宝塔桥桥址在南京车站与浦镇林场车站之间，线路最短最顺，北面可以接津浦线，南面可以接沪宁线；在河道方面，该方案选址在下关江面狭窄段下游，江面逐渐展宽，冲淤缓和，两岸较为稳定；距离市区约 2 公里，位置适中，既不妨碍城市规划，又能方便市民来往。

由于宝塔桥方案优点最多，大家一致看好。

看完了南京段的江面，小组再启程去芜湖，在芜湖踏勘了弋矶山、广福矶、四褐山及东西梁山共四个桥位。设计小组在向江苏、安徽两省及有关市领导和部门征求意见、搜集资料后，还到上海找海军、长航了解情况，到南京、芜湖之间大吨位的船上去测量桅杆尺寸，以确定净空的高度。

调研工作进行了半年，小组回到北京后即进行资料整理和设计文件的编制工作。根据各勘测点了解到的地形地貌、水文地质、气象资料、交通运输的要求，经过综合分析研究，在《南京长江大桥设计意见书》中提出：在下三山、煤炭港和宝塔桥中，最佳桥位为宝塔桥。

1958年8月，铁道部邀请有关省市及部内外有关部门共同讨论南京长江大桥问题，同意宝塔桥桥址方案为桥址建议方案；同意按公路、铁路两用桥设计，并考虑万吨级海轮可以通过桥下。

在南京市市长彭冲的领导下，南京成立了拆迁征地办公机构，按照"认真谨慎、落实到底、按照进程、分期征地"的原则，从1958年11月10日起，开始调查摸底，合理补偿征地拆迁费用，分期分批拆迁，到1960年一季度全部完成，共拆迁59万平方米土地，拆迁房屋2412间。

彭冲

史载，宝塔桥始建于明代初年，1875年重建。原为石拱桥，抗日战争中被日军炸毁，日伪时期改建成四孔砖台木面桥。由于地处入江口，又是通往中山码头的必经之路，日军在桥上设置岗哨，过往百姓常常受到欺辱。木桥年久失修，只能行人，不能通车。1956年改建为钢筋混凝土梁桥。1968年7月，南京长江大桥通车前夕，宝塔桥重建，可以通过重载汽车。两侧各设三根灯柱，顶端为庄重威严的华表装饰，站在桥上可以看到南京长江大桥的雄伟身影。桥中间题有"宝塔桥"三字，书风气势浑厚，挺拔苍劲。

宝塔桥的名字既响亮又吉祥。在这里，一个刚刚站立起来的东方大国用滔滔江水洗去百年耻辱，开启了自主建桥的新时代。

传说中的宝塔桥

今日宝塔桥

第二章　自主创新

作为民国首都，南京一直有海军军舰拱卫。遗憾的是，当年江边的海军建筑群，如今已所剩无几，民国海军医院便是其中之一。民国海军医院位于下关江边路28号，始建于清末民初，原为德国水兵强占清西炮台地界修建的训练营地。1917年3月，北洋政府宣布与德国断交，下令没收德国在华财产，海军司令部将之改为海军部总医院。这里紧挨江边，最近的地方距离长江也就5米。在南京，还没有一个民国建筑跟江河堤岸如此之近。

1959年11月15日，中共江苏省委为协调地方和施工单位的工作，决定成立南京长江大桥工程指挥部，在民国海军医院旧址办公，指挥部主要由大桥局施工处、大桥设计组和铁道部发包组三部分人员组成。

大桥工程局局长彭敏任指挥，宋次中、朱世源、何赐乐、王勇任副指挥。1960年7月起，宋次中担任大桥局局长，兼任南京长江大桥工程指挥部指挥；其后又增调杨海峰参

民国海军医院

加生产指挥。正副总工程师先后有梅旸春、刘曾达、李芬、戴尔宾、王序森、陈昌言。梅旸春负责大桥前期全面技术工作，王序森主持钢梁设计，曹桢主持下部结构设计，王伟民、周璞主持上部结构设计。一位位大师的名字犹如夜空中闪烁的星辰，让后人仰望。

20世纪60年代，南京长江大桥建设期间，大桥局局长兼指挥宋次中在指挥部前留影

王序森

第一节 大桥底下的试验墩

南京长江大桥南岸靠近桥头堡的江边,有一个形状异样的桥墩。

这座大型钢筋混凝土建筑在南京长江大桥南桥头堡下的江滩上静静地矗立着。数次经过,询问周边的老人,他们都说是苏联人帮助建的桥墩,后来中苏关系恶化,苏方撤走了专家等等。当遭到质疑时,有人还信誓旦旦地说:我是从小在这里长大的,我能不知道吗?

事实并非如此,这个桥墩其实是南京长江大桥的试验墩。

长江南京段江面宽阔,水深流急,9个桥墩墩位的水深与岩面覆盖层厚薄各不相同,最深处达70多米,江底岩层结构也各不相同,有的地方厚,有的地方薄。上层和下层也不同,有的地方坚硬如铁,有的地方像"千层糕",徒手都能捏碎。

而除了水文、地质情况复杂外,由于此处距离长江入海口仅400公里,终年受到潮汐侵袭和夏秋季节台风的影响,每日有高低潮水位,一涨一落平均历时12小时25分,年最大潮差平均值为1.42米。当台风来袭时,江面风力可达10级以上。每个桥墩的水下基础,是体积数万立方米、重达30多万吨、比标准篮球场还要大的墩身。要建成9个水下墩身,设计和施工是极大的技术难题。修建武汉长江大桥时所积累的经验远远不够,要想寻找出适合南

试验墩

京长江大桥的水下基础方案，必须先从做试验开始。

1958年3月，大桥工程局成立了南京长江大桥工地设计组，负责进行施工设计工作。设计是工程建设的灵魂，处于龙头地位。开始建三大桥的时候，曹桢本是芜湖桥的设计组组长，后被梅旸春选为南京桥的设计组组长。南京桥的关键是水下基础，9个桥墩个个都是难啃的硬骨头。设计组副组长王伟民负责两岸引桥和桥头建筑设计，他担任过武汉长江大桥等多座桥梁的设计师，经验丰富。

1959年3月11日，温煦的春风吹拂大地，也唤醒了

青年时的曹桢　　王伟民

沉睡一年的樱花。设计组十几个人坐船离开武汉，顺流而下，次日到达南京。那年曹桢44岁，王伟民45岁，其余大都是年轻人，朝气蓬勃，无牵无挂。也有结了婚的，两口子就一起来，住在下关。

当年11月，当桥墩基础确定位置后，大桥指挥部布置了下一步工作：先在南岸第10孔跨中建造一个由四根不同类型管柱组成的试验墩，上筑平台，将来作为伸臂架梁的临时中间支点。管柱下沉动力由大桥局桥梁机械厂刚刚设计、制造出来的两台250吨并联振动打桩机提供。工地设计组由组长曹桢负责，他提出了试验墩设计方案，铁道部科学研究院研究员周翼青和大桥局桥梁科学研究所工程师李秀芝参与研制，第二工程处承担具体实施任务，负责人为二处副总工程师殷万寿。

经过5个多月的一系列试验，试验墩所有的工作项目全部圆满完成。大桥水下基础设计最后按各墩不同的水深

周翼青 　　　　　殷万寿 　　　　　李秀芝

覆盖层厚度和地质条件,从实际出发,采取了四种不同类型的基础:1号墩为筑岛重型混凝土沉井基础,2号、3号墩为钢沉井加管柱基础,4号至7号墩为深水浮式钢筋混凝土沉井基础,8号、9号墩为钢板桩围堰管柱基础。

回想人们对试验墩的种种误解,更觉得应将它列为文物。只有记录下它的说明文字,才能彰显它的厚重感、它的社会和科技内涵,让人们知晓南京长江大桥建成的智慧与艰辛。

水上临时支撑墩施工

1号墩总结

第二节　江底的沉井大佛

1985年，南京长江大桥建桥新技术获得国家科学技术进步奖特等奖，国家共奖励了47名作出突出贡献的人员，其中梅旸春、王序森、刘曾达、陈昌言、曹桢、殷万寿、邹义章7人名列前茅，是大桥工程的主要完成者。他们当中既有大桥工程运筹帷幄的主持者，大桥钢梁、桥墩的设计者，也有施工的指挥者。星光与夜空，总是相互依存，交相辉映。岁月推移，一个个大师的形象更显得鲜活明亮。

前些年，江西南昌的网民评出了他们心目中的现代南昌籍十大文化名人，个个响震八方，其中一位就是我国桥梁界泰斗式人物，为修建钱塘江大桥、武汉长江大桥、南京长江大桥三桥作出了重要贡献的梅旸春。

梅旸春，1900年12月1日出生于江西省南昌市青云谱区朱姑桥梅村，早年家境贫寒，后由堂兄资助进了学堂。1916年，考取北京清华学校留美班。1923年毕业后，公派赴美国普渡大学机械系学习，获硕士学位。梅旸春虽然学的是机械，但其志愿却在桥梁事业，遂于1925年到美国费城桥梁公司工作。他始终眷恋着灾难深重的祖国，怀念年迈衰弱的母亲，在学习与实践均有所获时，旋即放弃美国优厚的待遇，于1928年回国。1934年，茅以升博士受组织所托筹建钱塘江大桥，聘梅旸春为正工程司，担任钱塘江公铁两用桥的设计工作。1938年武汉沦陷，梅旸春辗转到昆明，担任交通部桥梁设计处正工程司，主持设计了滇缅路上的昌淦桥。1944年进入茅以升组织的重庆缆车公司任总工程司兼工务处长，设计建造了重庆市第一座登山缆车——望龙门缆车。1953年武汉长江大桥工程局成立，梅旸春为副总工程师，配合苏联专家与从全国调集而来的桥梁界精英，共同建设大桥。

  1959年初，中央任命梅旸春为大桥局总工程师，主持南京长江大桥的设计和施工组织工作。南京长江大桥是在没有苏联援助的情况下决定修建的，这一任命，既是对梅旸春的信任，也是对他的严峻考验。受命之初，梅旸春便结合江面宽阔、地层条件复杂等情况，考虑采取相适应的桥梁上下部结构。他查阅了北京图书馆和清华、北大等知名高校图书馆的资料，再根据已经取得的测量钻探记录，初步提出了自己的整体构想。带着这一构想，他邀请国内著名的专家学者和技术顾问，分别举行从上部到下部、从

梅旸春　　　　　梅旸春获奖证书

梅旸春（左）和同事在工地上

结构到艺术等一系列研讨会。经过集思广益，最后形成了建桥的主要原则和整体设计方案。

1958年10月，中国考察团去苏联取经。建设武汉长江大桥的过程中，西林与梅旸春建立了深厚的友谊，但在南京长江大桥基础施工方案上，他们的技术见解有了很大的不同，西林提出9个正桥桥墩应全部使用管柱法，梅旸春提出沉井加管柱法，两个人的争论非常激烈。

早在1954年7月，西林作为苏联专家组组长，在支援武汉长江大桥建设的过程中，便已发现长江水势湍急，施工水深达到气压上限，不适合用当时世界通行的"气压沉箱法"。于是，他大胆提出"大型管柱钻孔法"。

当时，国际通行的"气压沉箱法"极易引起气压病，甚至危及工人生命安全，且施工程序复杂，效率极低，每个工人一天只能工作30分钟。西林提出的"大型管柱钻孔法"，把水下施工改为水上施工，既保证了工人安全，又大大提高了工作效率，可以说是水下基础施工的一次革命。这种管柱技术就是把分节制造好的混凝土管打到江底的岩面上，再对这个岩面朝下钻孔，然后在管内和孔内灌注混凝土，把管柱和岩石牢牢地联结在一起，这样一根管柱就做好了。管柱直径1.55米，一个墩子上面有20多根，就像是一大把筷子插在岩石上面，不仅很稳固，也有足够的承载力。管柱做好以后，上面通过一种叫承台的结构，把这些管柱全部连接成整体，就形成了桥梁的基础。

西林提出的这一方法在武汉长江大桥建设中得到中国技术人员的大力支持，取得了成功。但相对于武汉桥，南京桥的桥址处江更宽、水更深，地质水文条件更为复杂。

长江北岸的1号墩处在深覆盖层的古河槽，下沉深度接近世界纪录。苏联专家撤回后，西林依然心系南京长江大桥。他自费到南京考察大桥施工现场，对用管柱法建成的9号桥墩表示满意，对正在使用"重型沉井"施工的1号桥墩提出质疑，认为沉井不可能达到预期目的。回到北京后，他又向中央提出建议：所有桥墩全部采用管柱结构。但是，梅旸春根据南京的实际地质情况，经过深思熟虑，坚持使用重型沉井方案。他认为沉井下沉较深，总比单纯的管柱基础稳固得多。他还形象地比喻沉井似一尊大佛，稳坐在江底，总比火柴棒顶上加个火柴盒帽子（比喻管柱型式）强得多。在进行试验时，他率先进入沉箱，一直到达江底，终于打消了人们的顾虑。

在重型沉井下沉时，梅旸春主张同时射水，破坏井壁土壤阻力，使沉井稳固地到达岩盘，这中间没发生任何意外。为了确保万无一失,负责施工的大桥四处将沉井施工的各项工序画了一张大图悬挂在食堂大厅内,让所有人了解情况,再分班组讨论,集思广益。经过实践、改进、再实践,1号墩最终顺利完成。但3号墩采用沉井加管柱的复合基础,在管柱钻岩时发生了孔壁坍塌事故,长时间不能钻孔。梅旸春组织专人进行攻关试验,形成多种类型的水下灌注混凝土的封孔方法,妥善地解决了封孔问题。

  沉井加管柱方案的成功,让梅旸春意识到:这个前所未有的伟大工程,没有现成经验可循,每时每刻都会遇到新难题,必须让每个人开动脑筋,大胆创新,发挥聪明才智。因此,建桥一开始就形成从上到下勤学习、重创新的氛围。在梅旸春的倡议下,指挥部对创新成功者,无论成果大小,一律奖励。仅1960年,职工提出的建议就有15000多条。梅旸春还要求每个桥墩建成后都要总结经验教训,为下一个桥墩建设提供借鉴。通过领导、技术人员和工人三结合的模式,运用集体智慧,解决了众多难题,也涌现出许多创新能手。

  大桥的7号墩原计划采用钢沉井加管柱技术。在那个钢铁奇缺的年代,这么大的钢沉井需要耗费巨量钢材。就在曹桢苦苦思索更好的方案时,偶然看到一本杂志上描述的美国金门大桥,不由灵感忽现,创造性地提出用钢筋混凝土代替纯钢,既节省钢材又便于施工。曹桢的方案得到了重视,被送到铁道部鉴定委员会评审。梅旸春十分理解

1号墩挡板

2号墩施工

4号墩基础模型

8号墩基础管柱施工

创新者所要承受的压力,他组织技术人员进行一次次的试验、推算和讨论,力排众议,选用了曹桢的施工方案。

最终,7号墩获得成功,不仅节省了大量钢材,还加快了施工进度。后来,6号、4号、5号墩也相继更改成这种新方案。南京长江大桥桥墩施工中创造出来的深水沉井浮运、定位和下沉等多种工艺,都是我国桥梁工程的首创,不仅保证了9个深水桥墩的顺利完成,也为后来的桥梁工程设计提供了可贵的数据和成功范例。

大桥工地生活艰苦,工作节奏非常紧张,梅旸春身患多种疾病,高血压经常复发,家人又不在身边,每次他都默默地采取一些简单的应急措施。只要稍有好转,他就手拄拐杖,继续出现在工地上。1962年5月12日凌晨2点,梅旸春因突发大面积脑溢血逝世,享年62岁。梅旸春既懂桥梁,又懂机械,说起话来一言九鼎,工程技术人员都服他。他的逝世,令大家都很悲痛。

此后,大桥局派副总工程师刘曾达、陈昌言(原四桥处总工程师)及勘测设计处处长王序森三人到指挥部工作,填补梅旸春留下的空缺。刘曾达代理总工程师职务,全面掌握工作,并主持定期举行的生产会议和每日施工、计划、物资、机具、调度部门的碰头会,王序森、陈昌言则分别主管设计及施工。为了取得一致意见,陈昌言与王序森约定,经常同去第一线查看、了解工程进度和质量,发现问题及时商讨对策,供局领导参考。

梅旸春从 1956 年起就开始查阅资料，随后根据已经取得的勘测记录，粗拟了一个南京长江大桥的设想方案：正桥为 7 孔，中间 5 孔是半穿式刚性桁梁，柔性的钢拱，基础则有沉井、管柱和管柱加沉井、锁口管柱加沉井等不同方案。但受制于许多主客观因素，最终确定 9 墩 10 孔的大桥方案，这其实并非梅旸春的最初设计理想。

大桥桥墩全部出水

东方文化符号

梅旸春（左四）和同事在南京中山陵留影

第三章 困难与险情

1959年2月,铁道部大桥工程局第二桥梁工程处由江苏邳县进驻南京南岸工地,承担5号至9号墩及其以南工程。6月28日,引桥工程开始打桩。9月,第四桥梁工程处由重庆进驻浦口区长江北岸工地,承担1号至4号墩及其以北工程。大桥局先后在江苏招收了几批建桥工人,1960年职工高峰时共有10870人。大桥局党委和主要业务部门由武汉迁往南京,武汉长江大桥项目中培养和锻炼出来的中华人民共和国第一代桥梁专家几乎全部集中到南京长江大桥项目中。

1960年1月18日,一个寒风凛冽的日子,在长江南岸9号墩导向船上,举行了南京长江大桥主体工程开工仪式,9号墩钢围笼浮运下水,宣布大桥主体工程正桥桥墩开工,大桥建设全面启动,沟通南北交通的伟大工程终于拉开序幕。

当时,在中国最长的河流——长江之上已有两座大

群众在南京长江大桥义务劳动

打试桩，夜晚就睡在低矮潮湿的工棚里。

　　因南京长江大桥桥位处地质复杂多变，建设方案得到中央的肯定后，梅旸春一边继续发动专家学者、技术人员、职工群众集思广益细化方案，一边组织力量进行实验。技术设计方案工作于1960年夏初完成，1号、2号、9号等靠近岸边的水中墩也陆续开工。但是，开工典礼的喜悦尚未散去，就遭遇了困难。

国家三年经济困难时期，大批工程下马。大桥工程被要求新工人一律精简，经费被压缩到每年不超过3000万元，只够维持日常开销。而此时，大桥数个水上、岸上桥墩正在施工，并先后招收了3000多名新工人。如果工人精简，设备退货，大桥工程必将受到严重影响。同时，由于中苏关系破裂，原来签订的由苏方提供大桥钢梁的合同被撕毁。梅旸春和副总工李芬都病倒了，彭敏因工作需要调回铁道部任职，副局长宋次中临危受命，接任大桥局局长和南京长江大桥工程指挥部指挥的职务。

工人们在建桥工地留影，脸上写满了自豪

已调离的彭敏、带病的梅旸春、新任局长宋次中和江苏省领导多方奔走，向铁道部、向中央力呈：即使千难万难，南京长江大桥建设工程也一定要维持到所有桥墩都修出水面才能停工，否则几年的辛苦必将付之东流。他们的意见得到中央的重视，周恩来总理批示，南京长江大桥已订购的机械设备不退，已招收的工人大部分不辞，国家筹措资金,维持南京长江大桥工程不停工渡过困难。南京市政府则保证了生活物资的供应,施工得以继续进行。经国家计委特批专款,到 1965 年冬,大桥全面复工续建。

1966 年春,江中 9 个桥墩全部完成,大桥局大部分技术人员撤回武汉,只留下一个技术设计组负责钢梁架设和桥面工程等后续工作。然而,随着国际形势骤然紧张,中苏交恶,战争阴云密布,中国在西南开展大规模的"三线建设"加强战备,占用了大量物资和资金,大桥工程的物资再度短缺,是停工还是继续完成,又面临新的波折。当时有人提出,既然大桥在战争中肯定挨炸,是否还有必要完工?研究后,领导们确定了"简化、快通、耐用,准备挨炸,炸了再修"的原则。周恩来总理批示:根据有限资金,优先安排架设钢梁、铺设铁路与公路路面,保证先通车;桥头堡只建承梁墩座,其他装修工程一概不做,尽量压缩投资。于是,架设钢梁工程得以如期进行,大桥再次复工。

1966 年 4 月,铁道部部长吕正操、副部长彭敏在大桥工地视察工作。前排右起彭敏、刘曾达(大桥局总工程师)、吕正操、邹义章(四处总工程师)、陈昌言(大桥指挥部总工程师)

1966 年夏,"文化大革命"开始,王

架梁

　　序森等人被召回武汉接受"再教育"。建桥职工分成两派互相"武斗",抢走了印章,银行凭借工程负责人陈昌言的私人图章发放工程款和职工工资,大桥工地陷于瘫痪。1967年7月19日,大桥工地实施军事化管理,部队入驻工地,调解两派矛盾,按照原设计要求组织施工。

　　1968年3月23日,南京军区司令员许世友根据中央指示,决定"铁路和公路分期通车,使大桥早日投入运营"。经国务院决定,1968年9月底完成铁路桥,年底完成公路桥,比原来的方案分别提前了3个月和7个月。

由于时间短，要求高，仅靠大桥承建单位是无法按时完成任务的。南京军区先调来工程兵二团，之后又调来威名远扬的"临汾旅"参加施工，大桥建设者增至近万人，保质保量地完成了大桥建设工程。

繁忙的大桥建设工地

第二节　险些夭折的 3 号墩

在桥墩施工中，技术人员经过反复研究攻关，综合各种基础结构的长处，创造性地采用了四种方式，攻克了基底质量检验与水下焊接、氧割等技术难题，使桥墩能固定在江底的岩层上。其中 3 号墩的挑战最大，采用的是墩钢沉井加管柱基础。沉井顶部设有钢板桩防水围堰，高 12 米。沉井井壁第二节为钢的双壁结构，自第三节起，为了节约钢材改为钢外壁、木内壁结构。由于木内壁不是水密结构，沉井在下沉过程中，始终要靠浮筒及吊点托住。由于缺少先例，3 号墩在施工中遇到过几次重大挫折，经历了一个艰难的建造过程，自 1961 年 2 月 19 日开工，直至 1966 年 4 月 27 日才告竣工，耗时 5 年多。

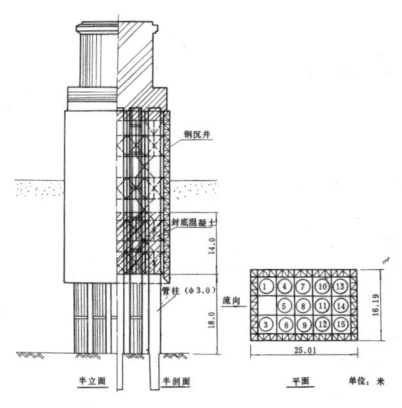

3 号墩基础　　　　　3 号墩施工

沉井在沉入河床前，根据规定，其中心位置应较设计位置偏向上游10厘米至30厘米，方始着落河床。但当沉井沉入河床5.4厘米后，逐渐向上游移动，累计偏移71厘米，超过了最大允许位移值66厘米。分析其原因，主要由于沉井着落河床后，其上游侧河床面受冲刷而成坑，而下游侧河床则淤积堆高，导致沉井所受的上下游侧向土压力不均，下游侧大于上游侧，便逐渐将沉井推向上游。针对上述情况，之后施工的4号至7号墩的沉井基础，沉井落底的位置改为设计位置的下游20厘米至30厘米，达到了预期的效果。

在沉井下沉时发生过9次翻砂，最大一次翻砂量约3000立方米，井内水面骤然上升造成井顶围堰南侧的钢板桩全部倒塌；当沉井下沉到位进行钻岩时，沉井钢板桩围堰又被一艘向上游行驶的巨型货轮碰撞，导致水面可见钢板桩部分变形，水中部分钢板桩受损。

绑扎沉台钢筋

钻岩孔壁坍

塌，使覆盖层与孔内连通，引起翻砂，既阻碍了工程的正常进行，也使基岩体遭到破坏。为保证质量，采用了各种灌浆处理方法，虽费三年之久，但获得了经验，保证了基础质量良好。

1965年秋，3号墩管柱内成孔后出现孔壁岩面破碎、坍塌的情况，须潜水员下到底部检查、清孔，但水深达82米，当时国内尚无如此深潜的纪录。四桥处请来上海第二军医大学的深潜水专家和潜水员，并带来了氦氧供气的特殊设备，所需氦气经国务院有关部门特批供给。四桥处潜水员左国胜首先潜入深达82米的3号墩管柱内进行水下作业，完成了管柱内的清孔检查任务。

第三节 勇闯"生命禁区"的潜水员

在大桥局诸多工种里，有一个鲜为人知、带有神秘色彩的工种——潜水员。他们在极艰难的条件下，在深潜水的"警戒线"下创造和演绎了一个又一个世界潜水史上的新纪录，为南京长江大桥建设立下了不可磨灭的功勋。

南京长江大桥正桥共有9个桥墩，其中2号至3号墩沉井基底在水下73米，4号至7号墩沉井基底在水下65米左右。其检查、清障、电焊、切割等大量工作是在水下65米以下进行，超过了国际公认的用普通装置下潜60米的极限深度（水深每增加10米，就增加1个大气压）。超过这一深度，潜水员就会出现程度不同的氮气麻醉、二氧化碳中毒等症状，轻者反应迟钝，重者可能出现昏迷，并可能发生各种危险的潜水事故。所以，国际上超过60米深度的潜水均要改变呼吸气体，使用氦氧混合气。

潜水班胡宝玲和几个骨干在总结以往水下作业经验教训的基础上，改进有关设备和操作方法，如把每块15公斤重的铅饼改为18公斤，把每只潜水鞋由9公斤改为12公斤，把测量尺寸的竹竿用胶线绑上尺寸标记，把下潜速度由原来的每分钟15米至20米改为25米至30米等。经过反复试验，1963年初，在7号墩的潜水作业中，胡宝玲率领潜水班十几名同志连续突破"警戒线"，先后200人多次下到65米深水下作业。

5号墩沉井钢刃刃脚落到岩层时，有一个约2米长、20厘米至30厘米宽的漏洞，引起了翻砂。如不堵住，混凝土浇下去，就不能与岩层紧密结合，桥墩就不坚固；同

准备下水的潜水员　　　　　　　　　潜水员胡宝玲

时还要堵得快，不然砂土还会流入其他井孔，导致安全生产事故。一开始工人们用棉絮去堵漏洞，堵好后一抽水，压差太大，棉絮被吸了出来，这个方案失败了；随后有技术人员提出用水玻璃掺混凝土来堵，结果也失败了；最后，潜水员们提议用钢板在水下焊接。这一技术在浅水里试验成功过，但在60多米深的水里操作，中外潜水作业史上还没有先例。胡宝玲心急如焚，抢先第一个下水尝试作业。在漆黑一团的江底，他左手摸着焊缝，右手紧握焊钳，以娴熟的技艺，一口气将一包焊条焊完，工作了17分15秒。接着，严永富、李清元两位年轻的潜水员相继潜入水底继续工作。水泵再次启动抽水，漏洞被堵住了，深水电焊终于成功了。

大桥建成后，胡宝玲作为大桥职工的代表，参加了1969年的国庆观礼，当选为全国人大四届、五届代表，后来担任大桥局副局长。

6号墩潜水作业时也遇到过困难，曾向位于上海的海军医学研究所紧急求援。当时潜水用的是压缩空气，全部改用氦氧显然条件不允许，要想完成6号墩的施工，只能设法攻克空气潜水极限，这对潜水作业和医学保障都是一个巨大的挑战。而海军医学研究所的研究人员龚锦涵正在试验一个课题，叫作"水面吸氧减压法"。于是，龚锦涵带着研究团队来到南京，一面培训大桥的潜水医生和潜水员，一面抽调13名海军现役潜水员，改进潜水装备。

龚锦涵用了半年的时间做准备工作，制作了超过51.8米和60米的减压表，安排海军潜水员做了124人次7到9个深度的试验。除此以外，他们还请大桥工地派两名医生到所里系统地学习潜水医学知识，制定了"水面吸氧法实施细则""深潜水医务保障条例""氧气安全使用规则"等六项规章制度和确保安全的预案，为水面吸氧减压法的实施提供了依据。

龚锦涵

当准备工作全部完成以后，他们先对潜水员进行了体检，把符合要求的人留下来，安排循序渐进的加压锻炼和水面减压训练，调整潜水员伙食标准，建立健康档案。1965年1月，在大桥6号墩清底作业中，他们首次采用了水面吸氧减压法，一共做了17人151人次的大深度潜水，甚至一度下潜到水下82米。每次凿岩、清岩后，往往不到一

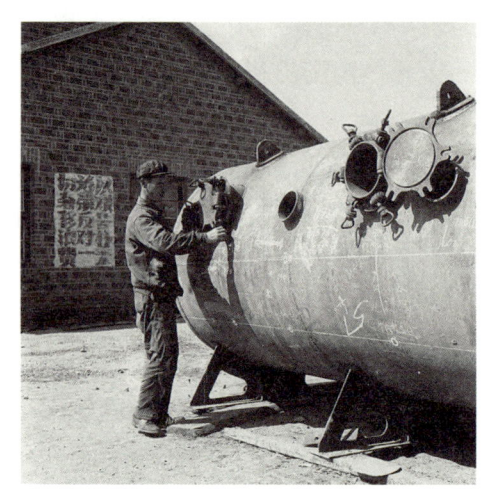

减压舱

天，潜水员就能完成全部探摸，其间没有一个潜水员得减压病，也没有发生任何的医疗事故和潜水事故，保证了6号墩如期完工，谱写出世界桥梁史上的深潜神话。这项深潜水的行动荣获1987年全国科学大会奖。

第四节　誓与沉井共存亡的建设者

大事业总会有大悲大患。在正桥基础施工过程中，也发生过惊心动魄的险情。

1964年9月18日晚，在秋汛洪水的冲击下，意想不到的情况发生了：连接南岸一侧导向船的边锚，其直径为43.5毫米的钢缆居然在水中被磨断了，5号墩沉井开始晃动。第二天下午，又传来第二根边锚锚绳断裂的消息，沉井左右晃动加剧。第三天，第三根边锚锚绳断裂，沉井朝南北向摆动幅度加大。

负责5号墩建造任务的二桥处立即采取应急措施，一天就补抛了3个25吨重的混凝土锚。然而，其中的一根第二天就断了。22日又连续断了4根。截至23日晚7时，5号墩导向船组的边锚断裂数累计达到了9根。建桥工人以"人在沉井在，誓与沉井共存亡"的英雄气概迅速投入抢险作业。

接下来三天狂风暴雨，沉井摆动时，绷得很紧的前定位船缆绳被上游冲下来的稻草、草包等漂浮物缠绕。如不及时清除，就会增加缆绳的负荷，使缆绳绷断。工人们冒着生命危险，顺着缆绳滑下去，清除缆绳上的漂浮物。不料，通往配电房的水下电缆因遭受长时间洪水冲击，突然断裂！一瞬间，沉井上的照明灯熄灭，各种机械停止了工作。接通电源必须去沉井下游30多米外的江中"孤岛"配电房，而通往配电房的跳板因风浪大早已拆除。

在这关键时刻，电工杨卫东挺身而出，与电工王耀宗及另一名水手领受了任务。他们乘着橡皮筏子顺着水势冲上去，一连两次都没有成功，又改用小舢板。当他们冲到离配电房1米左右的地方时，杨卫东顺着手电筒光束，猛地挥起手中的竹篙，钩住管柱上的吊梯，借着浪涛的颠簸，纵身跳上配电房，随即接通电源，施工现场顿时又灯火通明。

在抢险的日子里，因为风大浪急，岸上的人无法到桥墩上去换班，墩上的职工就连干了三天三夜。当时墩上有简易食堂，饿了，啃一口冷馒头；累了，就在船上打个盹，接着又干起来。这一个多月，许多技术人员就一直住在桥墩上，晚上家里人送来换洗衣服，像地下工作者接头似的，只在岸边短暂交谈一下。许多人去值班时就说：现在去值班，能不能回来都不知道，心里虽然有点怕，但还是要去。

一波未平，一波又起。9月28日，四桥处负责建造的4号墩沉井也发生摇摆。一个面积如同篮球场、重量达7000吨、足有7层楼高的悬浮体，以3分钟的周期，二三十米的摆幅，在江心摇荡。工地上每个人的心都提到了嗓子眼。当时江南的1号墩、2号墩都建成了，江北的9号墩也建成了，这么大的一个钢铁巨物如果落入长江，大桥就要改线，前期的努力就会化为泡影。

情势危急，大桥局立即向全国各地紧急求援。铁道部安排专车从大连运来加粗缆绳，沿途各站将专车通过情况及时通报工地；上海、沈阳也用特快和专车送来加粗缆绳；工地需要锚链，浦东造船厂便迅速赶制；青岛、连云港、东海舰队纷纷派员支援。因为浓雾笼罩长江，风大浪急，大小船只都已停航，武汉长航两艘2000匹马力的拖轮闻讯后连夜生火破雾夜航，仅用十几个小时就赶到南京，随即夹住沉井，左摆左顶，右摆右顶，连续工作了一个多月，创造了该轮开机时间最长的纪录。

在抢险过程中，技术人员先后试验了种种办法，但始终不能解决问题。为避免井毁桥亡的灾难性后果，大桥指挥部决定：从最坏情况考虑，万不得已时，"可以不保沉井，但必须保证墩位"，即必要时砍断上游主锚绳，让沉井向下游飘去，决不能让沉井占墩位，影响整个大桥工程。但此决定只作"密令"，授权局代理总工程师刘曾达、副总工程师王序森相机执行。舍弃沉井，保住墩位，这是一个"两害相权取其轻"的无奈决定，且不说风浪之中砍断主锚绳可能会引起人员伤亡，就是沉井真的冲向下游，沉入江中，也会对长江航运产生极大影响，只有迅速止摆才能保住墩位和沉井。

后来大家冷静分析，沉井摆动是桥孔压缩使水流紊乱、边锚受力不均失去平衡所致。当时正值长江第二次洪峰来临，水面上停靠着众多船舶，桥墩全面施工，形成较大的挡水面积，造成流速增大，流向紊乱。从理论上说，摆动是由于卡门涡流效应，涡流的自激作用促使浮体振幅扩大。大家经过深入研究，决定采用利用沉井摆动的能量把平衡重提起，然后再用绞车把平衡重放下的消能止摆方法。

二桥处31岁的年轻工程师、设计组组长林荫岳收集了沉井摆幅的时程曲线资料，对7000吨浮体的横向摆动力作了理论分析。经过周密计算，浮体横向摆动力只有20吨。摆动物体所含的动能，来自于滔滔不绝的水流冲击力，如何把这个动能转化为做功？林荫岳提出了"平衡重止摆船"的古老设计构思。这个装置的原理是两个边锚锚缆分别通过一个挂在支架上的平衡重，锚缆的一端连结在卷扬机上，浮体摆动时，随着锚缆的张弛，卷扬机使平衡重始终保持悬吊状态。

林荫岳

林荫岳的设计方案经过论证后被领导采纳，他以最快的速度拿出平衡重止摆船设计图纸，工人们在现场日夜加班赶做。止摆船由一艘铁锚船、一个钢支架和一块15吨重的钢锭组成，船体、钢架、重块随沉井摆动而起落。10月4日开始拼装，8日将两艘船拖靠到

5号墩导向船两侧，试运转时发现船首导引钢缆转向的码口状态欠佳。林荫岳又连续奋战30个小时，设计出一种立体的双向码口图纸，既省工省料，又容易制造。12日开始启用，浮体的摆幅大大缩小。紧接着，林荫岳又设计了一种钢丝绳测力架。18日，工程队将5号墩的全部边锚在受力均匀的前提下逐步收紧。就这样，7天后，摆动时间长达一个月、摆动次数达1.3万余次、先后断过12根锚缆的5号墩浮体终于被这一古朴的办法稳定住了。11月6日，两艘止摆船继续用于4号墩作业，10个小时后，4号墩浮式沉井也停止摆动。

在40多天惊心动魄的抢险中，机器昼夜不停，工人们一只胳膊夹一包水泥一路小跑，一手抓起馒头往嘴里塞。建设者们以不畏艰难的英雄气概和高超的技术保住了沉井，保住了大桥。由于4号、5号墩沉井左右摇摆问题，

4号墩止摆总结　　　5号墩止摆总结

工期延长近半年。抢险结束后，为了挽回耽误的时间，工人们加班加点抢进程。

1980年9月，在维也纳国际桥梁与结构学会第11届大会上，林荫岳作为中国代表第一次出席大会，宣读了学术论文《深水浮式沉井的摆动》，赢得了好评，可见止摆问题在国际上也有参考价值。

大桥的基础施工无疑是凶险的，但是每位建设者心中的信念是坚定的。因为，这是我们中国人自己修的桥，不能出事，哪怕牺牲自己，也不能让桥垮。

建设中的南京长江大桥及两岸

第四章　天堑变通途

1959年大桥开工后，工程几上几下。原计划两年半的工程，即使简化再简化，仍迟迟不能完工。

第一节　人民解放军支援大桥建设

1968年，南京军区司令员许世友就任南京长江大桥建设委员会主任。

当年建设南京长江大桥时，由于不同观点的群众造反组织忙着"打派仗"，许多年轻工人不上班，老工人干着急，"支左"的解放军也无能为力，工程基本处于干干停停的状态，通车的前景遥遥无期，被称为"胡子工程"。许世友决心恢复大桥建设，尽快建成通车，要指挥部重新讨论工程进度和竣工时限。国务院后来指示，要求9月底完成铁路桥，年底完成公路桥，比原来的方案分别提前了3个月和7个月。6月1日，大桥指挥部在大桥南岸施工现场召开3000人大会，许世友亲自动员组织会战。他在会上大声宣布：为了保证大桥在预定时间顺利通车，决定调工兵部队和"临汾旅"驰援，解放军护桥部队立即进驻大桥工地。许世友还把他的"洋拐杖"——时任上海警备区副司令员、上海铁路局军管会主任的柴书林调来大桥工程指挥部，组织协调大桥建设。柴书林早年就读于北平大学，酷爱学习，工作能力强，经常被许世友当作"救火队员"，哪儿的任务艰巨棘手就往哪儿放。

每位参加大桥建设的指战员都感到无上光荣，纷纷写决心书，表示坚决按时完成任务。建桥工人一看来了这么多的解放军战士，布满愁云的脸上，顿时神采飞扬。

当时工程的状况是：大桥公路桥桥面构筑基本没有展开施工，北桥头堡和南京新客站包括工程的构筑还躺在图纸上。这三大工程项目如果不解决，势必严重影响整个大桥的建成。

柴书林原来担任南京军区工程兵副主任，有比较丰富的施工经验。他临危不乱，细排工期，周密地协调了铁路桥与公路桥的施工，对参加大桥建设的工程兵部队做了部署，并限定了完成期限：一营负责南京车站和广场的工程，二营负责公路桥桥面的施工，三营负责北桥头堡的施工。各营分别得到了建桥的干部、工程技术人员和

柴书林将军

部队参加南京站建设

工人的有力配合。

　　为了确保进度，许世友还根据柴书林的建议，从部队抽调了一些车辆、照明灯等机械设备。专业化的施工部队携带大型设备进入建桥工地，施工人数增至万人，出现了军民并肩携手、以工地为战场的火热场面。柴书林对部队明确责任，要求每个干部必须熟悉工程质量标准，掌握工程进度，带领部队三班倒，轮番施工，昼夜不停。柴书林还虚心向工程技术人员请教，听取他们的意见和建议，集中大家的智慧，处理施工过程中的难点，使大桥建设优质、快速。

　　当时，工地急需把"龙门架"从铁路引桥搬到公路引桥上。"龙门架"高50米，重达千吨，由几万颗螺丝拧成。如此庞然大物搬动一次，照老办法计算，需要34个人45天才能拆装好。"临汾旅"官兵和建桥工人并肩战斗，打破常规，仅

"临汾旅"在师长武占魁、政委彭勃的带领下参加了南京长江大桥的建设

用23人，花了半个月时间，就将"龙门架"跨立在公路引桥上。

有一天，江面刮起8级大风，吊机失去作用，战士们就搭起人梯；风大站不住脚，他们就用绳子把自己系在钢架上，和建桥工人一起坚持施工，赢得了宝贵时间。

许世友隔三差五地到工地视察。8月的南京像燃烧的大火炉，工地上温度常常在40℃左右。许世友穿着布草鞋，戴着草帽，不时地在工地上检查了解情况，并说有困难尽管讲出来，"要人给人，要钱给钱，要机械给机械"。临近竣工时限，许世友几乎天天守在工地上。"许司令接管了大桥工地""有困难找许司令"，都是工地上流传半年的口号。

与此同时，江苏各地的工人自愿来到大桥工地，南京的部队战士、学校师生和普通市民，也自发组织起来到大

桥参加义务劳动，有的知识青年在离开家乡前还赶来干上一阵，为家乡的大桥建设作出一份贡献。每天上万人参加劳动，人们不停地挥着手中的铁锹，搬运一块块水泥砖头，脸上汗水和着灰尘，一片紧张忙碌的沸腾景象。在那个特殊的年代里，南京长江大桥成了全国人民共同关注的地方。

南京军区工兵红一连

许世友、彭冲视察大桥工地，左旁立者为工人工程师王超柱

许世友视察大桥工地

第二节　桥头堡设计和施工

历史和艺术是建筑的精髓。大桥设计规范的总则里规定，桥的外表应力求美观。

1958年长江三大桥会议认为，南京长江大桥正桥长度超过1500米，两岸引桥比较长，为了衬托大桥的雄姿并衔接引桥，桥头建筑以复式桥台为宜，应体现出社会主义建设的特征及全国人民的精神风貌，并具有永久性纪念意义。会上指定由南京工学院（现东南大学）负责桥头堡的设计。两轮设计后，南京工学院最终提交给大桥建设委员会共12张图纸的美术方案。

1959年12月，南京工学院建筑系提出了五个方案，送铁道部鉴定，随后又补充了两个方案，并报送江苏省委

东南大学秋色

大桥整体设计图手稿

和南京市委审阅。结合省委和市委意见,南京工学院决定:跨越公路的3孔跨径采用中孔较宽、边孔较窄的比例;大堡高出公路路面约27米,形式为重檐十字脊桥亭;小堡高出地面约18米,上有单檐方形攒尖式桥亭;大小堡之间为3孔,廊亭之间有连廊。桥头堡至此具备雏形。

方案呈报中央审阅以后,中央认为,该方案与武汉长江大桥的桥头建设大同小异,要求重新考虑方案。同时指出,南京长江大桥的桥头建筑应该与武汉长江大桥有大不同,而应更为雄伟壮丽,风格不拘。

1960年,南京长江大桥工程指挥部委托中国建筑协会在全国范围内发起了桥头建筑的设计竞赛,全国各主要建筑单位及建筑院系积极参加了桥头堡设计工作。此次设计方案征集于1月23日开始,至3月15日截止,收到17个单位的方案57个,图纸144张。

南京福昌饭店

3月19日至22日，竞赛发起方——中国建筑协会在南京的福昌饭店召开了桥头设计方案讨论会。专家们分别从功能适用、工程技术、艺术造型三个方面对参赛方案进行分析，最后一致认为：前高后低的形式比较生动有力，并符合桥台的受力，可以烘托出重点——正桥，同时与引桥到正桥逐渐升起的趋势相协调，因此是较好的类型，进而选出7个参赛方案报送上级审阅。

从这7个方案中，委员会选出了3个方案——建筑工程部建筑科学研究院设计的群雕、南京工学院钟训正设计的红旗和凯旋门，请原单位进行修改。重庆建筑学院、同济大学、清华大学、北京建筑工业设计院4个方案作为参考，反映更多艺术造型，一起报送中央。

周恩来总理审查后决定，将红旗方案作为主要方案，在此基础上，将红旗方案和群雕方案进行综合。

与此同时，大桥指挥部将这些方案制成相册，发给全国各主要建筑单位及建筑院系，还在北京展出了一段时间，征求社会各界的意见。

南京工学院和建筑工程部建筑科学研究院共同合作，

专家委员会成员带头人之一杨廷宝

周恩来总理审查南京长江大桥雕塑方案，旁立者为大桥工程局局长彭敏

根据评审会议意见进行综合方案的创作，最终选定了复式红旗方案并经铁道部鉴定批准。

当年12月30日，成立桥头建筑工作室，由南京工学院、建筑科学研究院和大桥工程指挥部三方面人员组成，对方案进行了多次修改。

1963年，由于投资锐减，公路桥路面宽度由原来的18米缩减为15米，桥头堡的设计也随之进行调整。遵循不失原定风格的原则，建筑上由南京工学院负责方案的修改，结构上由大桥工程指挥部设计组进行配合，工作持续了数月。修改后的方案保留了大堡的红旗雕塑、回廊平台以及小堡的人物雕塑，建筑体量的尺度和比例作了进一步调整，并缩减了建筑面积；对艺术造型更注意建筑尺度及比例，做到色调鲜艳明快，面材选用上则追求耐久和美观，使桥头建筑方案更趋完善。

修改过的桥头建筑方案，必须尽快呈送国务院复审。

设计组在南京连夜赶制了缩尺为 1:200 的模型，经有关单位审查后，转呈国务院审定。大桥局派副局长朱世源、设计组周璞和一名木工赴京汇报。

1964 年 4 月 11 日，周恩来等中央领导同志一起审查方案。周总理说："同意你们的修改意见。建筑美化部分不可太节约，这是百年大计。栏杆要注意设计得牢固些。但是基础及结构质量要你们负责，桥头的四周要绿化好。"

此后，由于再次缩小建设规模，一切都简化，以致当时南京长江大桥和其他平平常常的大桥一样，没有任何标志性的建筑物。

1968 年 5 月 12 日，江苏省革命委员会在一份南京长江大桥建设情况的报告中强调了桥头堡的重要意义，建议恢复桥头堡的建筑。当年 8 月，桥头堡开始施工。在此期间，由桥头建筑工作室人员担任施工阶段进一步的建筑设计、科学研究等工作。

当年周总理在审定红旗方案时还作了具体的指示：要用红旗，颜色必须保持鲜红，不能褪色。

周总理对红旗要求的指示，一时把设计组给难住了。如果用一般的颜料，经过长时间的日晒风吹雨淋，红色就会褪掉，变得

周璞

难看；即使采用红色油漆，也解决不了褪色的问题。最后，大家商定采用陶瓷材料，红色陶瓷用于红旗，金色用于旗杆尖。

大桥指挥部于1961年给景德镇艺术瓷厂发函，请求其研制红色陶瓷并寄去50元试制费，后来又寄去150元。开始大家想得很简单，以为在瓷砖上涂上一层红颜色烧制，就会大功告成。

钟训正

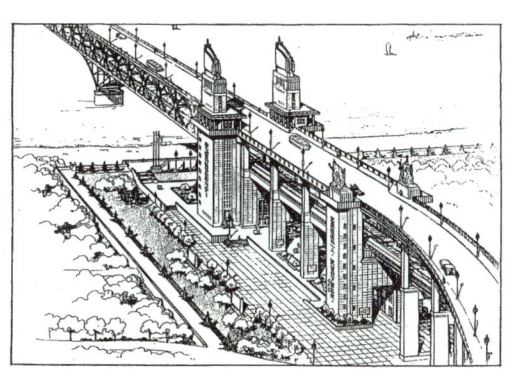

钟训正院士手绘的设计方案

景德镇艺术瓷厂很重视，很快研制出东方红1号和3号样品，但是瓷块不平整，色彩不均匀，一直到1964年也没有烧制出满意的样品。大桥指挥部之后又陆续发函给其他瓷厂、玻璃厂以及玻璃钢陶瓷科学研究院等，设计组周璞等还去工厂催促进度，但是生产的瓷砖规格与色泽均不理想。后来才了解到，中国自有瓷器以来就烧不出鲜红色的釉彩。

红旗雕塑玻璃钢砖

此时已经是 1968 年的 9 月，大桥铁路桥通车进入倒计时，"红旗"的面砖尚未过关。南京玻璃厂闻讯后主动请缨，试制出红色玻璃钢砖，1 厘米厚，10 厘米长。样品拿到工地上，大家一看，既颜色鲜亮，又结实耐用，当场就定下来。工期不等人，玻璃厂便日夜轮转，加班烧制，烧一箱出来马上就送到工地上，立即往"红旗"上面贴。可是一批量生产问题就来了，因为每一炉上面与下面的温度不一样，烧出来的玻璃钢砖颜色也不一样。但是，已经没有挑拣的时间，6 万多片玻璃钢砖现烧现贴。由于赶工期，很多参加义务劳动的非技术人员也参与了建设工作。贴面砖用的是一种特殊的环氧树脂胶，也是由江北的钢铁厂匆忙赶制出来的。

1968 年 9 月 2 日，距离大桥通车还有不到一个月的时间，桥头堡"会战"开始了。按常规每砌一层，水泥凝固需要 28 天。大桥四处工人工程师王超柱建议："选用高标号的水泥，用蒸汽养护一天就能达到设计强度，可大大节省时间。"大桥指挥部采纳了他的建议，请求铁路部门将火车开过来，蒸汽管通到桥面上，再用帆布将桥头堡包起来，有了蒸汽，混凝土强度增长就快了。

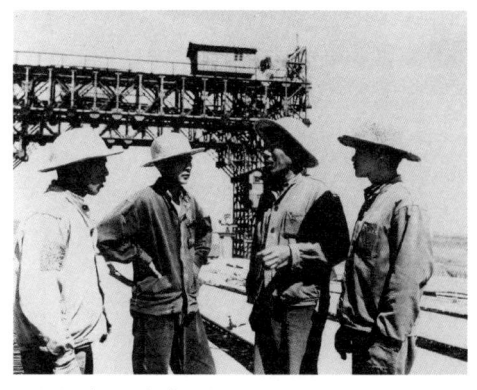

三面红旗是南京长江大桥的标志，它们的制作也是桥头堡建设的收官之战。为了便于操作，三面红旗旗面在机修厂分为纵向两个半片制作，

王超柱（右二）在大桥工地上

旗杆单独制作成一片；而三面红旗钢板内起稳固作用的钢骨架，则是现场先行安装固定在基座的预埋件上。三面红旗安装在大堡观景平台塔楼的红旗基座上，由于场地受限，吊装有一定难度。安装工人不仅心理素质、身体素质要好，而且技术水平要高，能吃苦耐劳；另外还需多部门多工种协调配合，才能顺利完成任务。

　　为了高质量完成这个里程碑式的工程，大桥二处、四处分别抽调精兵强将，组成青年突击队，其中有铆工、装吊工、吊车司机、电焊工4个工种，共50多名青工。指挥部给每一个上桥头堡的工人发放了通行证——桥上有专人看守，上桥要凭证才能放行。

　　桥头堡的脚手架上挂着一幅大标语："苦战两天两夜，插上三面红旗，夺取最后胜利。"突击队分为两个班，每班12小时作业，电焊工全部吃住在桥面。不管白天黑夜，

吊装三面红旗雕塑

桥头堡上始终火光四溅，像燃放烟花一样壮观。经过三天三夜不停施工，最终工人们提前两天完成了任务。经专家组验收，焊接质量全部达标。

由于江苏各地工人纷纷赶来参战，解放军部队昼夜不停赶工，原计划 9 个半月完工的桥头堡建筑，仅用 28 天就全部完成。尽管质量不尽如人意，但丝毫不能降低它在设计创作与建造上的重大成就。最引人瞩目的是两堡上高高矗立的红旗堡顶，旗上有金黄色旗穗和杆尖，三面红旗

建筑工人在桥头堡紧张施工的情景

一高两低，两侧下部呈双曲面向外突出，颇为壮观。

　　设计者恰如其分地选用红旗作为那个特定年代的象征，并用娴熟的手法将红旗在江风中飘动的姿态表现得极为传神。三面红旗雕塑很快成为南京的象征，并被许多设计者竞相效仿，一时间红遍了大江南北。

　　红旗是中国革命的符号，矗立成东方文明鲜艳的地标。在长江和蓝天浓郁的背景上，虽然它只是洗练的一笔，但却是永远能触动心弦的景色。

第三节　铁路桥首建通车

南京长江大桥正桥为公路铁路上下分层的 10 孔钢桁桥，铁路桥全长 6772 米，双轨复线，宽 14 米。过去靠火车轮渡过江，包括等待时间约为 2 小时，大桥建成后，从铁路桥上通过只需 5 分钟。

1968 年 9 月 9 日至 26 日，铁道部、南京长江大桥建设委员会、上海铁路局、大桥工程局组成验收交接组，27

铁路桥施工

日晚至翌晨在铁路桥往返开行 7 辆重载列车进行试验，测试证明钢梁及其结构优良。

铁路桥在国内大型桥梁上首次使用了无缝钢轨。首先在焊轨厂用气压焊把未淬火的 25 米钢轨焊接成需要的两种长度，即 217 米和 250 米；运到桥面后，再把以上两种钢轨用铝热焊焊接成 465 米的长钢轨。使用无缝钢轨，列车通过平稳，噪音小，减少了对桥梁的冲击力。

或许是建造的过程太过艰难，或许是想留住几多动人的历史回声，或许是想审视百折千回走来的风景，南京长江大桥铁路桥和公路桥通车时分别举行了一次典礼，每次都有 5 万左右的军民参加。到目前为止，在国内大桥开通仪式上唯此一例。

9 月 30 日，天气晴朗，碧空如洗，晨风吹来，令人倍觉神爽。国庆前夕的南京城披上节日的盛装，到处洋溢着喜庆气氛。庆祝活动在大桥南堡下的广场举行，道路两旁摆满了鲜花，气象台升起五颜六色的大气球，大桥上下无数面红旗迎风招展，辽阔的长江江面上来往的船只悬挂着彩旗。江中正桥两侧悬挂着"伟大的领袖毛主席万岁"10 个大字，每个字 8 米见方。

在高耸入云的桥头堡上，用玻璃砖镶嵌而成的三面巨幅红旗在灿烂的阳光下鲜艳夺目，气势雄伟的长江大桥显得分外壮观。主席台布置得隆重而热烈，黄色的背景墙上是"南京长江大桥铁路通车典礼"横幅，中间是毛主席像，

东方文化符号

通车典礼

许世友为南京长江大桥铁路桥通车剪彩

两边是国旗，下方左右分别簇拥着5面红旗。主席台两侧一左一右矗立着两幅毛主席语录。

一大早，参加通车典礼的军民就满怀胜利的喜悦，敲锣打鼓，喜气洋洋，从四面八方汇集到江边、桥头。下午2时整，通车典礼在《祝福毛主席万寿无疆》的乐曲声中开始，江苏省革命委员会副主任杨广立首先在会上讲话，介绍了大桥建设经过；铁道部负责人杨杰向参加建设南京长江大桥的职工、解放军指战员和工程技术人员表示热烈祝贺。大会在暴风雨般的掌声中通过了《向毛主席的

铁路桥通车情景

致敬电》。

　　许世友为大桥铁路桥剪彩后，一千多名市民和部队指战员乘坐彩车驶上大桥。大桥上红旗挥舞，欢声雷动。大桥的配套工程——南京火车站也举行了落成典礼。

　　一座大桥汇集了多少代人的梦想，该播撒多少思绪，传递多少情感？这一天是古老南京城的节日，也是勤劳智慧民族的庆典。

　　10月1日，上海铁路局正式接管铁路桥并开始运营。凌晨3时，从福州开往北京的46次列车成为铁路桥上通过的第一列客车。当列车驶上被无数彩灯照得通明的南京长江大桥铁路桥时，车厢内一片欢腾，旅客们为自己能乘坐通过大桥的第一列客车而感到幸福和自豪。他们争先恐

彩车经过南京长江大桥

后地挤到窗口,观看铁路长虹的雄姿。

大桥通车后,列车过江能力大为提高。初期每天平均通过四五十列火车;1999年每天通过约60列;2011年每天通过约200列;现在每天通过将近300列,即每5分钟一列,时速140公里。

10月3日的《人民日报》,在头版用一个整版的篇幅,报道了南京长江大桥铁路桥胜利建成通车的消息和通车典礼的盛况。

火车隆隆过大江,令一个时代熠熠生辉。

第四节 公路桥建成通车

公路桥全长4588米,其中江面正桥1576米,另有分岔落地公路桥316米。

桥面铺设粉煤灰陶粒混凝土

1958年长江三大桥开始设计时,大桥工程局总工程师梅旸春提出,要将每立方米混凝土的重量,由普通混凝土的2400公斤,减到1600公斤,最终目标是桥面板的重量减去三分之一。这就要求公路桥面采用轻质钢筋混凝土的行车道板与人行道板,这一新技术措施有着很大的经济意义。如果把桥面板的重量减轻,大桥的自重就减轻了,没有那么大的压强,下面桁架的用钢量就可以减少了。今天,中国粗钢年产量已超过8亿吨,排名世界第一;但在二十世纪五六十年代,中国钢铁年产量只有一千多万吨。

节约钢材是每个工程项目首先要考虑的问题。

长江三桥科技协作办公室将轻质钢筋混凝土桥面的研究列入研究专题，签订了《200级轻质混凝土专题研究书》，由建筑工程部建筑科学研究院主持这一专题研究工作，协作单位有南京工学院（现东南大学）、中国科学院土木建筑研究所、天津大学等，并在南京工学院设立了"长江三大桥轻质混凝土桥面研究工作组"。工作组成员平均年龄不到25岁，是一群青春勃发的年轻人。

工作组成员在南京工学院合影

1959年2月下旬，春节喜庆的鞭炮硝烟刚刚散去，工作组成员就从五湖四海搬着铺盖卷来了，住在南京工学院。其中，建筑科学研究院来了9人，大桥局研究所派了一名工程师，常驻在工作组里协调工作。研究牵涉到材料、化工、结构、经济、施工、混凝土工艺等六七个专业，大家以南京工学院为研究基地，抱成一团，密切协作。

做陶粒需要原料。大家首先想到一种叫浮石的天然轻骨料，是火山岩浆喷出来碰到水膨胀后凝成的海绵状的岩石，洗澡堂搓澡用的就是它，俗称火山石。工作组去了南京六合，还去了安徽芜湖，湖北宜昌、宜都，调查后认为浮石不符合要求，继而决定用黏土来烧陶粒。

黏土做成陶粒，对土质中的成分有一定的比例要求。如果这个比例不适合，烧出来要么是不胀，要么就是气体还没有烧胀它就软化了，坍成一坨。工作组带着一帮学生，在南京跑了象山、方山、麒麟门、孝陵卫、六合等11个地方，开采试验用土样；接着在实验室做化学分析，在高温炉中测定其最佳煅烧温度、膨胀率、颗粒强度，通过试验测试，选择适宜于配制高强颗粒混凝土的陶粒用黏土；在确定土源后，再开采几十立方米黏土回来，把它磨细，搅成泥以后像挤面条一样挤出来，用切割机把泥条切分成大概1厘米不到的泥球后晒干备用。

工作组在南京工学院里就地砌起试验窑，24小时不间断地将土球烧成供混凝土试验用的陶粒；然后采用烧成的陶粒进行混凝土的试验，选择符合大桥桥面板强度要求的最佳陶粒混凝土；配合比确定后，还需进一步测试陶粒混凝土的物理、力学性能。由于混凝土试件要自然养护28天，才能达到测试强度，为加快进度，工作组就砌了个蒸汽养护窑，自己烧锅炉。

桥面板是一个受弯构件，当年我国还没有自己的钢筋混凝土规范，用的是苏联规范，更没有轻质钢筋混凝土的规范。所以，从事结构研究的人员，必须要把钢筋混凝土受弯构件受力性能相关的数据测试出来，同时，还要开展受弯构件的制作和试验，其试验结果供大桥桥面板设计时采用。

上述试验完成后，工作组还试制了不同比例尺寸的桥面板，做了桥面板的静载再试验：用工字梁做支座，把桥面板架起来，上面放钢块，很多个钢块堆在上面，像一座山似的。静力实验证明，陶粒混凝土的承载能力完全符合设计要求。由于桥面承受的上动荷载，还需经得起反复疲劳的考验，工作组又在北京铁道学院做了疲劳试验，结果表明，它不比普通的混凝土差。

试验得到各个单位的无私支援。北京第一工业设计院派专人来南京，参加工作组的工作，在陶粒窑的设计与修建中起了很大的作用。在陶粒焙烧过程中，南京、红旗、新宁等砖瓦厂派来烧窑的老师傅支援。在建窑过程中，八一及红旗耐火材料厂加工了许多异形耐火砖。

经过全体人员的共同努力，4月末达到了协议书要求的指标。大家刚刚松了一口气，协作办公室5月初又提出更高的指标。工作组再接再厉，虽然屡次失败，但是经过一番风雨，终见彩虹，在7月份达到并超过了这一指标，成功地试制出

自筑的土窑

280级、容量每立方米600公斤的轻质陶粒混凝土。与普通混凝土相比，陶粒混凝土每立方米减轻自重500公斤，南京长江大桥可以全面使用。

时间到了1967年，南京长江大桥公路桥要展开施工时，上海、天津、宜昌等城市好多工厂都已经生产出

载重鉴定

了粉煤灰黏土陶粒。尽管不是黏土陶粒，生产工艺不同，但是机理、原理相同。后来就选用了上海市建筑科学研究院研制的粉煤灰陶粒，与普通混凝土比较，全桥共减轻2800吨，处于国际先进水平。

在将近半个世纪超负荷的运载中，陶粒混凝土路面损伤严重，加之得不到彻底修复，南京长江大桥伸缩缝跳车非常严重。在2018年的封闭维修改造中，专家决定在桥墩和钢梁承载重量不变的情况下，把旧的混凝土板全部更换成正交异性钢桥面板。原来的混凝土板每32米设置一道小的伸缩缝，现在新制钢桥面板每480米才设置一道伸缩缝，全桥只有5道伸缩缝，使用年限不低于50年。人行道也采用了聚氨酯薄层铺装，取代了容易破碎的瓷砖，依然是深红的颜色，类似塑胶跑道迤逦而去。

公路桥紧张施工的场面　　　　南京长江大桥公路桥施工

　　清晨，踏着露珠的痕迹，迎着朝阳的气息，聆听大桥的交响，心里有说不出的舒畅。

　　临时增设上桥的标志——"工字堡"

　　说出来可能许多人不相信，南京长江大桥原来的设计图纸上并没有"工字堡"，它是后来根据建桥工人的提议，临时设计建造加上去的。

　　那是个没有尊卑、敢想敢说的年代，工人不但是"老大哥"，而且名义上被赋予"领导一切"的地位。在公路桥施工过程中，有工人师傅提建议：大桥正桥有个桥头堡，而上公路引桥好像缺少一个标志性的建筑，建议在上引桥处也修建一个建筑，与桥头堡相对应。南京市勘测设计院领导对此极为重视，马上发动技术人员设计方案，一共设计出 20 多个方案。后经市领导审查，批准了青年工程师黄壬年的"工字堡"方案。

那时，黄壬年只有 26 岁。他当时想的是，这个小堡既不能超过主桥的桥头堡，还要具有鲜明的时代特征。为和当时的政治氛围吻合，他便决定围绕"工人阶级"的"工"字展开设计。他设计的工字堡，上部四面各有一个"工"字，不论站在哪个方向，都能看到这个醒目的大字，体现了南京长江大桥是中国工人的伟大创造，既朴实又美观。

黄壬年（摄于20世纪60年代）

工字堡的内外侧立面各有一个红旗齿轮图案，代表共产党领导下的工人阶级。

建成后的工字堡高 15 米，底部是 3 米 × 3 米的正方形，里面是一个小房间，拱形门。堡顶转角处安装了四个方向的灯，晚上可以看到工字堡上四面都有灯光，像宝塔熠熠闪亮，指引着人们步入大桥的方向。此外，工字堡还和值班亭、花台巧妙地结合成一体。

由于时间紧迫，工字堡从设计到建成，只用了几个月的时间。建成后，工字堡一方面作为南京长江大桥的入口标志，另一方面也作为警卫岗亭使用。大桥通车后，工字堡是护桥部队 24 小时持枪值守的一个哨位。

黄壬年生长在家家枕河的苏州水乡，从小就喜欢绘画，1961 年毕业于南京建筑工程学校（现南京工业大学）工业与民用建筑专业，分配在南京市勘测设计院建筑设计室

工字堡老照片　　　　　　今日工字堡

工作。虽然他只有中专学历，但是由于天资卓越，鉴赏独到，很快在设计院崭露头角，被破格评定为高级建筑师。大桥通车时，黄壬年又为通车庆典设计了主席台。

黄壬年后来还参加了侵华日军南京大屠杀遇难同胞纪念馆和渡江胜利纪念碑的设计。在朴实无华中超凡脱俗，在超凡脱俗中返璞归真，黄壬年准确地把握了那个时代的特征，成为最为风光的着色者。

大桥全面通车

1968年12月29日，对于古都南京来说，又是一个永载史册的日子——南京长江大桥公路桥建成通车，5万多军民参加了盛大的通车典礼。对于所有中国人来说，这是一个值得自豪的日子。

冬日的清晨，天空飘起了小雨。那细细的雨丝似乎都没有重力,被风一吹就漫天飞舞了。南京市民几乎倾城出动奔向大桥,每个人都想亲眼看一看,亲手摸一摸大桥。数十万人涌向桥头,人山人海,群情激奋。新华社作如下报道:

【新华社南京29日电】在亿万军民热烈欢呼我国成功地进行了一次新的氢弹试验的大喜日子里,从扬子江畔又传来一个振奋人心的喜讯:我国工人阶级靠战无不胜的毛泽东思想,高速度、高质量地在1968年12月29日,胜利地建成了南京长江大桥的公路桥。至此,我国自行设计和建造的最大的现代化桥梁——南京长江大桥,已经全面提前建成通车。

《新华日报》小堡雕塑速写　《新华日报》桥头堡速写

1968年12月30日的《新华日报》写道："新建成的南京长江大桥公路桥正桥两端，矗立着四座巨大的工农兵英雄群塑，桥头堡的三面鲜艳夺目的红旗，直插云霄，银灰色的栏杆旁，无数面红旗迎风招展，气势雄伟的长江大桥，显得分外壮观。"

一大早，参加庆祝大会的人们，穿着最庄重、最漂亮的服装，满怀喜悦，高唱歌曲，簇拥着毛主席的巨幅画像，敲锣打鼓，从四面八方源源不断地汇集到江边桥头的庆祝大会会场。整个城市沉浸在欢乐的气氛中，大桥周边的高大建筑物上聚满了人群，在等待着一个伟大时刻的到来。

临近开会时下起了大雨。许世友从江中乘船过来，既不穿雨衣，也不撑雨伞，满身雨水往下淌。已经在主席台上等候的所有领导，也都脱去雨衣，丢掉雨伞。

上午8时，大会的前奏——《东方红》乐曲响起。江苏省革命委员会负责人在大会上讲话，他首先向到会的同志报告了一个特大喜讯：我国成功地进行了一次新的氢弹试验，随后向广大建桥工作人员表示祝贺和慰问。建桥工人代表也在会上讲话，回顾了建桥的过程。大会通过了《给毛主席的致敬电》。

庆祝大会结束后，红色的信号弹腾空而起，在一片鞭炮和锣鼓声中，100多辆彩车徐徐通过公路桥。顿时，大江南北，桥上桥下，车内车外，一片欢腾。"伟大领袖毛主席万岁！万岁！万万岁"的欢呼声震撼大地。南京市近

5000名知识青年，乘坐国产汽车浩浩荡荡地通过南京长江大桥公路桥，到苏北农村安家落户。

参加庆祝大会的人们，跟在汽车后面，如大海扬波般涌上桥头，从桥南涌向桥北，又从桥北涌向桥南。参加建设的人们，纷纷涌向照相馆，集体拍照留念。他们一路锣鼓喧天、欢歌笑语，兴奋地高喊："我们走过了大桥，走过了长江！"

南京长江大桥公路桥通车场景

如今，通车的盛况早已随风飘散，唯有帧帧照片，保存了时代的温度，定格了一张张幸福洋溢的笑脸。

黄聿祥写了一首《南京长江大桥歌》，表达自己抑制不住的喜悦心情："长江浩荡水流东，车马不渡惟征鸿。由来天堑称巨险，千夫辟易面失容。忽然形势大改变，新人新事争出现。平地架桥跨南北，万丈彩虹落江面。"

有人算了一笔账："大桥通车前，旅客列车从轮渡过江要停留两个多小时，现在从林场直开南京站只需运行16分钟。货运列车每辆车的平均中转时间比过去缩短了3.6小时，大大加速了车辆的周转，运行10年可以为国家节省122万个车皮。如果用这些车皮为南京人民运生活用煤，足足可用163年。"

通车后的南京长江大桥航拍

1968年12月30日，《人民日报》头版头条用复式标题发布了南京长江大桥通车的消息：大标题是《南京长江大桥提前全面建成通车》，引题是《毛主席无产阶级革命路线的又一伟大胜利　我国工人阶级创造世界桥梁史上伟大奇迹》，

建成后的南京长江大桥

副题是《十二月二十九日，胜利建成公路桥，南京五万军民隆重集会庆祝，热烈欢呼毛主席万岁！万万岁！》，又一副题为《雄伟壮丽的长江大桥的建成，沟通了我国南北铁路和公路交通，在政治、经济、战略上有重大意义》。层层叠叠的标题，气势磅礴，隆重喜庆。

  长江再长也有尽头，天堑再险也要跨越。这一天，建设者们在欢笑，中华民族在欢笑。我们不仅跨过了长江，也跨过了几千年的岁月沧桑。中国人民用勤劳智慧的双手，在万里长江上绘起一道绚丽的彩虹，必将赢来世间无尽的赞美。

第五章　巍巍丰碑

建筑师的职责就是要奉献出最优秀的建筑。即便在半个世纪前的困难时期，南京长江大桥的规划和建设者仍然不放弃对美的追求，用热忱、智慧和匠心，让大桥拥有了雄伟的桥头堡、庄重的雕塑群、精致的浮雕护栏、典雅的玉兰灯……

于是，这座沟通南北的著名桥梁，集壮丽与秀美于一身，成为一件彰显历史文化、凝结匠人精神的建筑杰作。走上大桥，你就会重新回到那个拼搏向上的年代，领略这一国家工程中所蕴含的独特桥梁美学。

第一节　祖国风光的画廊

由于引桥过长，如果公路桥上只建一个桥头堡，会显得单调、突兀。著名建筑大师杨廷宝教授在设计时曾指出：桥头堡建筑是美化桥梁的重要一环。桥头堡位于正桥与引桥之间，如果只做一个单式桥头堡，既压不住，也断不开。

要从主桥过渡到引桥，需要采用复式桥头堡。因主桥是钢桁梁，而不是实体结构，所以桥头堡也不能太笨重，采用一个大桥头堡加上一个小桥头堡比较合适。大桥头堡顶上有三面红旗显示出时代特征，小桥头堡塑造一群雕像，两堡之间既分开又有联系。为把主桥与引桥衔接起来，大小堡之间采用三等跨 22.9 米钢筋混凝土预应力梁，形式既与引桥相似，又不完全相同，这样过渡比较自然。

经过讨论，桥头堡的形式采纳了杨廷宝的"复式桥头堡"建议，全长 97 米的大堡和小堡把正桥和引桥明显分

夜色中的南京长江大桥

离开来，使大桥宏伟和庄严的建筑风格有机融合在一起，具有了独一无二的气质和美感。

大堡塔楼为桥头建筑的主要部分，高70米、宽11米，米黄色，高高分立于大桥两侧公路桥面，与正桥、引桥采用对比手法，一个垂直向上，一个水平伸展。塔楼有着青云直上的飞跃气势，成为重点突出的主体，有力地烘托了正桥钢梁。顶端选用了"三面红旗"方案，高5米、长8米，其骨架为钢结构，旗面为3厘米厚的钢板。红旗飘带为预制混凝土构件，旗尖与飘带外喷金粉，富有实体感。旗面朝向江面，稍微前倾，稳定中的动势相对增加了红旗的长度感，并丰富了轮廓线。看似简单的红旗，不知糅进了设计者多少美妙的构思。

小堡位于大堡向引桥方向68.7米处，结构、外形、颜色与大堡类似，仅体量略小。小堡立于公路桥面的部分为5米高的灰色混凝土群像，由中央美术学院雕塑创作室和北京艺术雕塑工厂共同创作完成，给观者血脉偾张的视觉冲击。

大桥公路桥正桥两边栏杆上的铸铁浮雕是时代的印记，共有202块，包括98块风景主题浮雕、98块镂空向日葵浮雕和6块工农兵浮雕。

98块风景主题浮雕共分为20种，内容为描绘祖国山河风貌和歌颂当时社会主义建设巨大成就，包括北京车站、大庆油田、西南铁路、川藏公路、万吨巨轮等。

工农兵浮雕

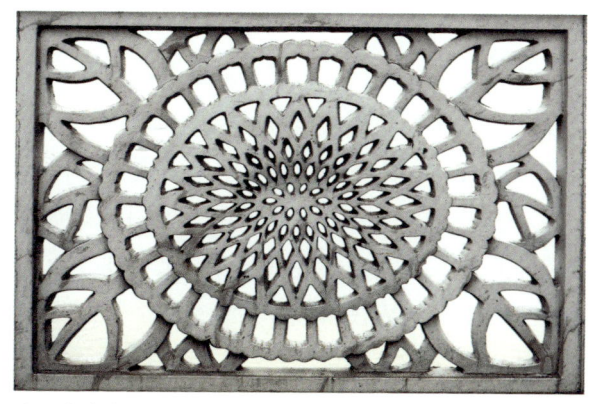

向日葵浮雕

为了尽快将草图放大成正稿，大桥美术设计组请南京工学院土木工程系与民用建筑教研组组长刘忠德（后任文化部部长）带领七八名师生前来支援，图案绘制完成后分别送到工地、港口，多方征求意见；又请来上海木雕厂、苏州红木雕刻厂和南京工艺雕刻厂技艺精湛的师傅，用银杏木将图案雕刻成木模。苏州红木厂的老艺人赵子康带着两个徒弟，连续工作了两个多月，离宁前提出的唯一要求是，希望得到一枚大桥纪念章。

木模雕刻好后，需要翻砂铸造。南京市长彭冲要求晨光机械厂承担栏杆图案的铸造任务。有人从司马光的诗句"惟有葵花向日倾"中汲取灵感，设计了一个葵花向太阳的图案。因为太阳一出来就照在长江大桥上，如果将葵花镂空，图案又会印在桥上，很漂亮。向日葵图案花瓣为31瓣，四周有四片叶子，寓意当时世界有31亿人口，四面八方都向往红太阳。当时工作条件较差，制作椭圆形葵花，只能用万能角尺绘制。图案绘制的过程中，晨光机械厂得到了南京艺术学院保彬老师的指导和帮助。

在南京长江大桥南堡和北堡，各雕刻有一幅巨型毛泽东诗词，且都使用石中珍品——汉白玉雕刻描金而成，分别位于南京长江大桥南大堡迎江面和北大堡迎江面。南大堡中间的是《七律·人民解放军占领南京》，北大堡中间的是《水调歌头·游泳》。

引桥22个桥孔，采用富有中国特色的双孔双曲拱桥

长城内外

抚顺煤矿

西南铁路

草原牧马

沙漠勘探

川藏公路

川流不息的车辆

形式，平面曲线部分采用"曲桥正做"做法，即采用直梁按曲线拼装，而不是直接使用曲线梁。

　　来自全国各地的技术力量和物资设备，给予大桥建设源源不断的支持和帮助：如天津产的观光电梯，鞍山造的人行道地砖……而桥面上采用的优质高强螺栓是上海提供的，大桥上的全部高强钢丝是天津生产的，大桥上的栏杆是无锡加工生产的，桥上的玉兰花灯是北京生产的，与天安门广场的一样。

　　在桥头堡桥面以下部分，大堡侧面写有"全世界人民大团结万岁"，小堡侧面写有"人民，只有人民，才是创造世界历史的动力"等大幅红色标语。

　　晚上，华灯齐放，大桥像一串夜明珠横跨江上，成为金陵新景观。

大桥铁路通车前夕，指挥部派人去苏州珠宝社制作了万枚毛主席纪念像章；10月至12月，再赴江西景德镇，联系制作大桥元旦通车纪念茶杯8000只。景德镇陶瓷工业公司、瓷用化工厂和为民瓷厂十分重视，给予了大力支持，在时间紧、任务重、要求高的情况下，于元旦通车前交付了这批纪念茶杯，成为给予参建队伍的奖励品。

青春的留影

通车后的南京长江大桥

第二节　古城上方的彩练

南京长江大桥的公路桥和铁路桥一样，包括水上的正桥和岸上的引桥两部分。而公路引桥又分为两段，和正桥衔接的那段公路引桥采用的是预应力梁，与地面接触的那段引桥采用的是双曲拱桥，在南岸连续18孔，在北岸连续4孔，犹如一条彩练，把南京长江大桥装扮得分外壮丽。

我国现存最古老的石拱桥是赵州桥，不但有个弧形的大拱，而且在桥肩上还有四个小拱。当山洪暴发时，小拱可以加速把洪水泄走，赵州桥坚固的秘密正在小拱上。

苏松源时任无锡县公路管理站站长兼交通局桥梁工程队队长，他在1964年造出了一种双曲拱桥，取代了当时农村大量使用的木桥，仅无锡地区就建造了双曲拱桥5000多座，很快交通部就在全国大力推广。那时全国公路建设有"三件宝"，一是打井，二是柏油路，三就是双曲拱桥。

这种桥类似自行车挡泥板，看起来外形同一般的空腹式拱桥好像没有什么区别，但是如果你走到桥下，就会发现其另有乾坤：它的断面是由许多像瓦片那样的混凝土小拱波，以及

无锡新安乡蔡旺村的"新虹桥"以及国家邮电部发行的《公路拱桥》特种邮票中的"无锡新虹桥"邮票

与小拱波垂直的混凝土拱肋结合而成。这样,不仅双曲拱桥的外形是曲线拱状,而且断面的形式也是曲线形的,真是拱中有拱。

南京长江大桥两岸的公路引桥原来设计得比较短,后来才决定将南岸引桥延长至18孔,北岸引桥延长至4孔。当初设想的是用高填土方案做引桥,用土填高,垒成路堤,用以代桥。这不仅非常难看,而且要拆迁大量民房,破坏大块农田,阻塞交通,隔断水系,每年还得翻修路面,做排水沟进行绿化等。南京市勘测设计院负责引桥设计,经过讨论,决定采用双曲拱桥方案,随即派人到无锡去学习。无锡的桥梁专家苏松源后来还来到南京现场指导,担任具体施工的负责人,一直到工程结束才回去。

双曲拱桥发明人苏松源

双曲拱桥从理论上来说是可行的,但这种形式从未使用到大型桥梁中去,到底能不能成功,尚需试验和数据来证明。当时,南京夫子庙秦淮河上有座名叫"白鹭桥"的石拱桥(现叫"文源桥",紧邻科举博物院)需要改建,南京市勘测设计院设计人员便结合实地情况,把"白鹭桥"设计为跨度20米的双曲拱桥。新桥建成后进行了荷载试验,用铁块加压,用压力表测试,测试结果非常理想。大桥引桥施工前,在正式桥址上又实地建造了两座试验桥,

双曲拱桥施工现场

桥宽4米，3个拱，跨度32.2米，主拱圈与正式桥一样，在正式桥墩上架设临时性的小台帽作为试验拱的支承。试验是在裸拱的情况下进行的,拱上建筑的重量以压重代替。技术人员测量了挠度及应力，观察了裂纹的开展情况。试验一直加载到裸拱被破坏，取得了成功。

引桥打桩任务南京承担不了，于是请求上海基础工程公司支援。上海基础工程公司很快派出打桩队来到南京，克服了许多困难，按时完成打桩任务。

双曲拱桥需要几万块小拱波。开始时，工人们每天只能生产二三十块，而且质量低，废品多。照这样的进度，仅生产小拱波就需要花5年左右的时间；后来技术人员和生产工人计

1968年，南京市勘测设计院的技术人员在大桥留影

算出正确的混凝土配比，小拱波的产量一下子提高了10倍，质量也远远超过原设计标准。

南引桥第11孔横跨铁路，考虑到火车的振动因素，设计时加了振动系数，把结构强度提高，以保证火车能够顺利通过。工长万修成带领工人连续作战，仅用6天时间就完成了主拱圈任务，缩短工期11天，创造了建桥史上又一个奇迹。

拱桥给古城留下一道壮丽的景观

第三节 大国工匠的技艺

1961年，为追求进度，南京长江大桥施工工人在灌注混凝土时，改变了常规做法，以致南岸引桥25号、27号墩座与北岸引桥9号墩身拆模后不同程度出现"蜂窝""狗洞"，还伴有渗水现象。

新任大桥局局长宋次中得悉后，毅然决定不再研究补救措施，炸掉重来，不留一点后患。按照当时的干部任命程序，宋次中仅仅是"委任"，还不是正式"任命"的局长，但是他以国家利益为重，不顾个人得失，当机立断，宣布炸掉三个桥墩。这一决定在南京长江大桥工地引起的震动，不亚于一场高强度地震，从此南京长江大桥建设中再没出现类似的问题，所有施工环节均达到了优质标准。

正桥钢梁零件多，精密程度高，设计安装中的数据量巨大。当时国家只有一台大型的通用数字电子计算机，在中国科学院计算技术研究所。大桥设计组只有少量手摇计算机，主要靠人工计算，相当困难和复杂。

为了确保万无一失，设计组申请使用电子计算机。经过严格的政治审查，工地派工程师马冕南到北京去上机。当时需要验算的工程项目很多，马冕南排队排

马冕南在接受采访

了很长时间，但是验算起来很快，几十个人几个月的工作量，电子计算机须臾之间就完成了。马冕南将计算出来的一大堆纸带回南京，设计组再算出最终结果。通过鉴定证明，电子计算机计算的结果非常精确，假定的大桥力学模型是合理的，我们自主设计的大桥足够安全可靠。

在大桥施工中，从大桥局到各个处室，都有一套完善的质量管理制度。材料进场，无论钢材或砂石，都必须经过检验。所有混凝土都进行了混合比试验，沙子经过淘洗，石子用水冲洗。

引桥打下的桩，都经过承载试验，并把承载试验列为新技术施工程序。桩长48米，入土深度超过46米，创造了世界打桩史上罕见的万米不断桩纪录。

大桥通车后，桥墩先后遭受轮船30多次撞击，都没有造成结构性的破坏，被誉为"桥坚强"。公路桥的通行量设计上限为每日1.2万辆，1968年日均通车1177辆，到2010年，每天通过汽车接近10万辆，超出原设计能力8倍，29条公交线路满足每天约30万人次的过江需求。公路桥是水泥构件，常年超负荷使用对桥面造成伤害，混凝土也出现老化，桥面伤痕累累，大桥气喘吁吁。但是直至2016年10月28日22点全面封闭维修前，大桥一天也没休息过。

大桥共架设31.7米预应力混凝土梁1269片。在此之前，国内只能生产16米型梁，技术人员也仅有苏联的

预应力梁制造厂打预应力梁钢筋

31.7米预应梁分段灌注资料。从1959年起,研究人员便在浦口工地进行各种单项试验,后来又在南京桥梁厂做整片梁的静载破坏性试验,以检验载体的极限强度、刚度和稳定度。每段工序都经过反复试验和改进,大小试验不下千次,耗时一年多,压断三片梁。从设计、试验研究到试制成功历时三年,终于获得成功,为我国推广预应力混凝土技术起到先导作用。历经半个多世纪的火车、汽车超负荷运行,南京长江大桥没有一片梁开裂或更换。

大桥钢桁梁的联结工艺是用烧红的铆钉对正铆孔,再用风枪挤压铆死,共有150多万个铆钉。工人在现场烧制时温度很高,劳动强度极大。时隔50年,在2017年的南京长江大桥大修中,人们惊奇地发现:150万颗铆钉绝大部分完好无损,需要更换的只有6000多颗,即每1000颗里只有4颗需要更换。

大桥钢梁的架设,正值"文化大革命"期间,绝大多数干部、技术人员和工人始终坚守在生产和工作岗位上。1967年8月16日，经过21个月的奋战，正桥与9万根杆件准确无误地联结在一起，钢梁拼接实现了准确到位，达到了世界先进水平，南京长江大桥主体工程至此基本完成。

铆工在作业

南京长江大桥建成通车的第二年，随着三发信号弹升空，118辆坦克从江北整整齐齐地驶向南京长江大桥，一辆接一辆前进。坦克和车辆浩浩荡荡地通过大桥之后，桥

南京长江大桥钢梁吊装

钢梁合龙

坦克编队驶过市区

身稳固，桥面只留下了直而浅的两道白色车辙。坦克过桥，展现了中国军人的作战能力，也验证了大桥过硬的质量，这种高质量是中华人民共和国建桥人一丝不苟铸造出来的。

30年后，桥梁专家组对大桥15个项目进行了试验，对数万个检测数据进行验算。结果表明，大桥桥墩、桥梁、桥面无超限位移，钢梁无裂纹变形，整体性能完好。半个世纪的超负荷运行结果同样证明：这座我国自主设计、自行施工，采用国产材料建造的第一座铁路、公路两用桥，建造技术达到当时国际先进水平，为中国现代桥梁事业的发展奠定了坚实基础，在水下基础设计、钢梁设计、建筑材料设计与制造，以及物理学、建筑艺术学等方面，都有着极其重要的奠基作用和开创性意义。

大桥指挥部副总工程师陈昌言（前排左四）与南京桥工作组成员合影

第六章　心中圣地

建筑是无声的语言，它所塑造的灿烂辉煌，从来不墨守成规，也不固步自封。它从一开始就不是独白，它是一种对话，流动着的是中国精神的一江春水。

第一节　中国桥梁建设的里程碑

南京长江大桥的成功建设，以及中国在建桥过程中发展出的低合金桥梁钢和深水基础工程等技术，是中国桥梁建设的里程碑，在中国桥梁史和世界桥梁史上具有重要意义。20世纪60年代，南京长江大桥以"世界最长的公铁两用桥"被载入《吉尼斯世界纪录大全》。

1981年6月27日，中共中央十一届六中全会通过的《关于建国以来党的若干历史问题的决议》，把南京长江大桥建成作为一项重要成就写入，社会主义经济建设还在进行，"工业交通、基本建设和科学技术方面取得了一批重要成就，其中包括一些新铁路和南京长江大桥的建成，一些技术先进的大型企业的投产，氢弹试验和人造卫星发射回收的成功，籼型杂交水稻的育成和推广，等等"。1999 年，中华人民共和国成立 50 周年，南京长江大桥与第一颗原子弹和第一颗氢弹一起被列入国家重要成就项目，是党和国家以及人民对大桥成就的肯定与嘉奖。

南京长江大桥于 2014 年 7 月入选不可移动文物，后又入选"首批中国 20 世纪建筑遗产名录"、"中国工业遗产保护名录"第一批名单、"全国优秀古迹遗址保护项目"名单、"全国爱国主义教育示范基地"等。

大桥连接了长江两岸

第二节　现代文艺样式的红角儿

南京长江大桥建成后，迅速成为现代文学艺术中红极一时的绝对主角，最早进入大众视野的是邮票。

1969年5月1日国际劳动节，为庆祝南京长江大桥胜利建成，中华人民共和国邮电部发行了一套四枚文14《南京长江大桥胜利建成》邮票。二十世纪六七十年代发行的邮票动辄几千万枚，文15发行量甚至达到1亿枚，但文14《南京长江大桥胜利建成》中的10分票与4分票仅发行800万枚，存世量较少，属稀缺品种。文14邮票也是全部"文票"中唯一以社会主义建设成就为题材的邮票，色调上一反先前大红、金红的暖色块，而以蓝绿为主。从这套邮票起，使用了两年之久的毛泽东手书体"中

《南京长江大桥胜利建成》邮票

国人民邮政"被停用,恢复了建国以来常用的印刷体。这些变化,反映了我国在邮票设计上的重要转折。南京长江大桥气势非凡,使得这套邮票也颇有气势,既彰显了中国经济建设以及桥梁建设的成就,也形成了我国邮票设计上的特色。

  1969年3月,上海新闻出版系统四家出版社共同组建了一个编辑组,进驻南京长江大桥的工地,进行报告文学集《南京长江大桥》的编辑工作。这部报告文学表现了大桥建设过程的艰辛,描写了建桥工人的英雄事迹,勾画了大桥热火朝天的建设场景。1970年6月,这部报告文学由上海市出版革命组出版,是第一部关于南京长江大桥建设的文学作品。

报告文学作品《二十八天》插图　　报告文学集《南京长江大桥》　　报告文学集《南京长江大桥》

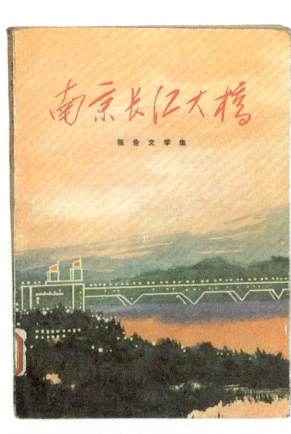

1972 年 7 月，诗集《天堑飞虹——南京长江大桥诗选》出版。收录的诗歌在内容上分为"向阳诗篇""气贯长虹""火红岁月""风流人物""战地之花""大桥春色"六个部分，展现了建桥工人的豪情。诗选的作者大部分都是参与大桥建设的工人、农民、士兵等，文字简朴有力。

话剧《大江飞虹》是唯一一部以南京长江大桥建设为背景的舞台剧，由江苏省话剧团创作组集体创作。

南京长江大桥最早在 1972 年走进北京市的小学语文课本，之后逐渐出现在其他省份及后来的全国统编小学语文教材中，并长期被收录在内，为小学生观察景物、生动地描写景物提供了学习的范例。

江苏画家也纷纷投入创作，美术作品涵盖了中国画、油画、版画、宣传画等画种。冯健亲和苏天赐、张华清、杨培钊等老师在南京长江大桥下住了三个月，认真搜集素材，最终完成了油画《南京长江大桥》，被送到北京参加建国 25 周年全国美术作品展，也是江苏省唯一一幅油画入选作品，后来被中国驻法大使馆收藏。

苏天赐创作以大桥为主题的油画《江上长虹》时，曾带领创作组从南京出发，一路沿着长江写生，

话剧《大江飞虹》剧照

直至上海黄浦江边，亲身感受万里长江的雄伟气势，并融入到时代背景中。

蔡知新、黄丕谟、周炳晨等名家携手创作的版画《红旗颂歌》，还原了桥头堡的建设过程。三面红旗沐浴在金色的霞光里，下面是密集的脚手架和紧张忙碌的工人，高大的吊机正在工作，建设中的大桥场景生动尽现。

魏紫熙的《天堑通途》、宋文治的《扬子江畔》等，既有跨越江河的奇伟气势，也不乏江南景色的清新婉约，将生活中的甜美奉献出来，令人憧憬，催人奋发。

军旅画家陈坚1972年创作的油画《在红旗下成长——我为祖国守大桥》，画面上是严冬的清晨，曙光初照，桥上车水马龙，桥头堡下一个执勤的战士顶天立地，目光豪迈地望着前方。1973年，这位军人的英姿出现在江苏省发行的新年年历上，走进了千家万户。

当我们观赏大量展现大桥时代风貌作品的时候，仿佛身临其境地走进了那个时代，似乎清晰地听到时代脉搏跳动的节拍，火热的生活是艺术家们取之不尽的创作源泉。

1970年，《南京长江大桥》外文版明信片出版。1971年，《人民画报》上登载了周恩来总理在南京长江大桥上欢迎罗马尼亚贵宾的照片。1973年9月，出版印刷了《南京长江大桥》绘画版宣传画，清新脱俗，风靡一时……真实的大桥偶尔才能相见，生活中的大桥却无处不在。南京长江大桥是那个时代最时髦的符号，涵盖了全国人民日常生活的方方面面。几乎每个照相馆都挂有南京长江大桥的布景，印有大桥图案的搪瓷杯、镜子、暖水瓶、年画、奖状、日记本、橡皮、糖纸、火柴盒、粮票、布票等，铺天盖地地进入了寻常百姓家。这些印有大桥的图案，虽然不及现在印刷的精美，却展现出一种惊人的设计感。南京长江大桥伴随着一代中国人的成长，留下了无法抹去的情感印迹。

二十世纪六七十年代的中国电影，除几部样板戏和革命电影外，几乎就是空白。南京长江大桥竣工之时，中央新闻纪录电影制片厂拍摄了一部大型彩色纪录片，片名就叫《南京长江大桥》。它以叙事的手法、宏大的场面、亮丽的镜头、激昂的解说，全面介绍了这座桥梁的建设过程。看完影片，不仅是该桥的建设者，每一个中国人都油然而生骄傲自豪的情感。1969年5月13日，周总理审查了这部影片，作出指示："这部片子也可以输出国外。"该片随即在全国上映，并被译成英语、法语、阿拉伯语等版本发行国外。著名歌唱家李光羲为这部纪录影片演唱的主题歌《巍巍钟山迎朝阳》，抒情奔放，气势恢弘，把南京长江大桥建成后激发出来的民族自豪感诠释得淋漓尽致，让人随着旋律心潮澎湃。歌曲在所有经过南京长江大桥的列车上播放，从1973年开始，先后播放了10年。

1972年，经过长时间的孕育，部队文艺工作者陈奎及和作曲家田歌创作出歌曲《我为祖国守大桥》，用平实

南京长江大桥

油画《江上长虹》，苏天赐作

布面油画《在红旗下成长——我为祖国守大桥》，陈坚作

版画《红旗颂歌》，蔡知新、黄丕谟、周炳晨作

南京长江大桥

带有大桥图案的老物件

东方文化符号

带有大桥图案的老物件

南京长江大桥

李光羲在演唱

纪录片《南京长江大桥》海报

的语言把守桥战士看见列车通过南京长江大桥时欣喜自豪的情形描画得真实感人。周总理审定后同意其参加国庆演出，并指示立即广播、发表。同年11月12日，《光明日报》首次破格在头版报道了这首歌曲。从此，这首歌插上音乐的翅膀，不胫而走，也成为二十世纪七八十年代京沪线上的火车经过大桥时的必播曲目。

1977年，手风琴演奏家曾健把这首歌改编为手风琴独奏曲，把列车通过南京长江大桥的情景与守桥战士的生动形象描摹得惟妙惟肖。手风琴模拟的蒸汽火车鸣笛与行进效果，一直被看作是演奏此曲的最佳亮点。随着音乐的展开，我们眼前仿佛出现了初升的朝阳、雄伟壮阔的长江大桥、豪迈英武的守桥战士、远处蜿蜒的公路、近处闪光的铁轨……

手风琴独奏《我为祖国守大桥》

第三节　激情年代的集体记忆

在南京长江两岸，有三个建桥新村，集中居住着几千个家庭。随便遇到哪位长者，都能讲出几段令你热血沸腾的故事。那个年代出生的很多人都重名，有的叫长江，有的叫大桥，还有的叫钢梁、铁柱。大桥局副总工程师周璞参与了大桥上部的设计，给孩子取名"一桥"；大桥局副总工程师林荫岳是4号、5号墩抢险的功臣，给孩子取名"一

大桥雪景

宁"。开学第一天班主任点名，一个班上有三个同学叫"宁桥"。"宁"是南京市的简称，他们出生的20世纪60年代，正是他们的父辈艰辛建设南京长江大桥的时候。无数建设者告别武汉，在南京工地一干就是十年八年，把最好的青春年华都献给了这座大桥。

因桥结缘，当年的建设者中许多人渐渐喜欢上了南京这个城市。相对于潮热火辣的武汉，南京山水秀美，建筑摩登，它的温和、清丽和包容似乎更让人留恋。很多大桥建设者退休后都选择居住南京。以大桥命名的有大桥照相馆、大桥电影院、大桥饭店、大桥牌烟花等，第一辆南京地产自行车也是叫大桥牌。不论是本地居民还是外埠过客，不论是中央领导还是各国来宾，差不多都得"到此一游"，拍张照片留个纪念。

许多当年的建设者说起那段"激情燃烧"的岁月，感慨万分。机工窦润芳回忆说："在大桥工地，我最激动的一次，就是毛主席来大桥的那一天。1969年9月21日凌晨，劳累一天的桥工们已经进入梦乡，突然被一阵阵整齐的口号声惊醒。我急忙披衣走出宿舍，只见刚通车的大桥灯火通明，探照灯的光柱划破夜空。口号声是从大桥北堡传来的，听声音像有几百人，一遍又一遍有节奏地呼喊：'毛主席万岁！''毛主席万岁！'当时脑子还不灵活，没有意识到是毛主席来了，我是第二天早晨才知道的。我那时候很后悔，真后悔。我当时穿着短裤，如果穿着整齐，我

南京长江大桥

铁路桥引桥施工情景

正在奔赴施工现场的工人队伍

肯定要跑去看的。毛主席深夜来到了大桥，这个消息像一股暖流，滋润了每个人的心田。"

苏州老桥工吴鹏生回忆说："修缮一新的大桥，三面红旗在朝阳照耀下熠熠生辉，现在的年轻人可能根本不知道这代表什么。我有一个愿望，待大桥修复工程完成，通车前，让我们这些曾经的大桥建设者到大桥上走走看看，回忆青春岁月的往事。无论那时多么艰苦，我们都对大桥深有感情。"

2019年5月4日青年节，吴老一家来南京旅游，第一站就是看南京长江大桥。吴老的妻子前几天不小心崴了

吴鹏生一家合影

脚，坚持坐轮椅过来，同行的还有老先生的两个妹妹和一个妹夫。除了吴老，其他人大概都是第一次来到大桥，大家兴奋地到处看着，用手抚摸着，在国家领导人和外宾留影的地方照相，分享大桥建设者的那一份荣光。

当时的一位文工团成员回忆说："那时候物资虽然贫乏，生活也很艰苦，但是人们的精神生活却很丰富、充实、快乐，人与人之间充满了爱，相互关心，相互帮助，彼此信任，乐于助人。多么美好的时代，多么美好的生活。纵然现在吃穿不愁，但我们依然怀念那个年代，在心里呼唤那个年代。"

能够参加大桥的建设，能够为国家尽一份力量，那是很大的荣幸。2018年年底，南京长江大桥历时两年多的封闭维修改造工程全面完成。恢复通车之前，很多老桥工来到大桥上，看一看雄伟壮观的大桥，说一说当年的造桥故事。

大桥很安静，像旧时的风景册页，次第打开，泛黄的纸张有一种褪色的美。

第四节　永不停休的新章

从长江边远观南京长江大桥，只是看到钢梁的轮廓。唯有步行体验到的大桥，才是有生命的大桥。大桥还能给人提供步行的乐趣，这正是它的了不起之处。

50多年来，南京长江大桥周边有不少变化，增添了许多现代高层建筑，但大的格局依旧，整体面貌不变。长江边上建筑翻新，一直荒寂的江北江滩也建起了翁翁郁郁的绿化带，延伸到轮渡附近，染绿了半边天。不同的建筑时态重叠交错，无异于一部多层次的小说，要用心读，一页一页翻看。

每个城市都有适宜步行的空间，区别在于多少。少了，城市显得冷漠；多了，城市便有市民社会的温度。有足够多的步行空间，才是适宜步行城市的确切定义。大桥公路桥重新开放以来，即便在骄阳似火的夏日，步行上桥参观游览的人也络绎不绝。即使现在长江上的桥梁已经有100多座了，但是能供人们步行的没有几座。仅凭这一点，我们就应该向南京长江大桥的设计者致敬。

1978年，思想冲破牢笼，中国迎来改革开放的春天。当年武汉长江大桥苏联专家组组长西林多次以友好使者的身

1985年西林参观南京长江大桥

份率代表团到中国访问，每次来访他必定会参观桥梁工程。

1990年9月，西林到钱塘江二桥工地参观时发现，预应力钢筋混凝土梁抽拔钢丝的胶管已改成铝制可弯曲的波纹管。这项技术苏联当时还没有，他便要了一段波纹管带回去研究。1993年西林最后一次访华参观武汉长江二桥时，了解到九江长江大桥的钢梁已经开始使用56毫米高强度厚板和直径27毫米高强度螺栓，他诚恳地说："过去我们是你们的老师，现在你们是我们的老师。"从学生到老师身份的转换，我们仅仅用了两三代人的时间。

"桥何名欤？曰奋斗。"这是著名桥梁专家茅以升回首自己建桥人生时的感慨。他说过，从一座桥的修建上，就可以看出当地工商业的荣枯和工艺水平。

桥梁是综合国力、科技实力的象征，也是造福社会、发展经济的重器。南京长江大桥开启了中华人民共和国桥梁事业的辉煌历程。

半个世纪过去了，中国的建桥水平飞速发展，已经能够造出世界上最先进的桥梁。仅以南京为例：2001年3月26日，南京长江二桥（八卦洲长江大桥）正式通车，成为世界第三大斜拉桥，获得了"中华第一斜拉桥"的美誉；2005年10月7日，南京长江三桥（大胜关长江大桥）建成通车，成为中国第一座钢塔斜拉桥，也是世界第一座弧线形钢塔斜拉桥；2011年1月11日，南京大胜关铁路长江大桥正式投入使用，是世界首座六线铁路大桥，也是

大桥维修

大桥维修（桥头堡）

正桥钢梁维修

正桥铺设钢板

世界上跨度最大的高速铁路桥；2012年12月24日，南京长江四桥（栖霞山长江大桥）通车，被誉为"中国的金门大桥"。根据新一轮城市总体规划修编，未来南京市域范围内共计规划25处28条过江通道，人们将有更多的过江方式可以选择。长江不再是"天堑""大阻"，而是国人眼中的一道景观。架起更新更美的桥，中国道路越走越宽广。

从依靠合作到完全自主，再到技术创新；从斜拉桥到悬索桥，从铁路大桥到公铁两用桥，从跨江大桥到跨海大桥，中国桥梁家族不断壮大，世界顶级桥梁奖项上，中国桥梁早已成为获奖常客。从以南京长江大桥为代表的一批中华人民共和国建设成就出发，到今天的以北斗卫星、载人航天、500米口径射电望远镜、航母、高铁、青藏铁路、港珠澳大桥等为代表的现代中国建设成就，都向世界彰显了强大的中国科技实力。

2018年12月，在南京长江大桥通车50周年之际，修缮一新的大桥，似长龙卧波，璀璨新生，再次惊艳世界。当我们站在大桥上，总会情不自禁地回望那段艰难的建桥历程，阅读中国桥梁史上这部光芒四射的传奇，感受蕴藏在中国人民内心深处的精神力量，让灵魂经历一次洗礼。近年来，尽管南京新添了多条过江通道，但大桥仍长年超负荷工作，每日车流滚滚，昼夜不息，是一座当之无愧的市民之桥、放心之桥、担当之桥。作为一个标志性符号，南京长江大桥成为中国人民自力更生、奋发图强、勇于创新精神的象征,激励着我们为实现中华民族的伟大复兴昂然前行。

岁月在这里不会苍老,历史在这里永远年轻。

东方文化符号

一桥飞架南北，天堑变通途

南京长江大桥

附录

参加南京长江大桥设计、建设的单位

  铁道部大桥工程局：设计、施工（第二、第四工程处承担全桥的桥墩基础和铁路、公路桥梁的架设）

  中铁大桥勘测设计院：结构工程

  上海基础工程公司：两岸公路双曲拱桥及回龙桥的灌注桩基础

  江苏省建筑第一工程公司：桥头堡建筑施工

  南京市城市建筑设计院：部分引桥双曲拱桥设计

  南京市市政工程公司：双曲拱桥施工

  参加施工的还有来自江苏苏州、无锡、常州、镇江、南通、扬州、淮安、盐城等地的建筑队伍。

参加南京长江大桥建设的协作、支援、配合单位

  山海关桥梁工厂：钢梁制造

  鞍山钢铁公司：大桥用特种钢研制

  南京工学院：桥头堡建筑设计

中国科学院技术科学部：钢梁和基础研究

中国科学院工程地质研究所：选线、基岩性质研究

中国科学院岩土力学研究所：基岩承载力研究

铁道部科学研究院铁道建筑研究所：钢梁安装模型试验、水工试验

唐山铁道学院：桥式方案研究

大连工学院：桥式方案研究

同济大学：桥式方案及振动研究

哈尔滨力学研究所：桥式方案及振动研究

长沙铁道学院：振动及次应力研究

计算技术研究所、北京大学数学力学系：次应力等计算方法研究

南京水利科学研究所：冲刷研究

建筑工程部研究院、上海建筑研究所：轻质混凝土陶粒试验

沈阳重型机床厂：正桥支座制造

天津油漆厂：钢梁耐候油漆研制

天津钢厂：预应力高强钢丝改进

上海胶管厂：预应力梁制孔钢丝胶管生产

铁道部上海铁路局工务处：焊接长钢轨

海军第六研究所：深潜水指导

长江流域规划办公室：三角网复测

桥墩开工及完成时间

1号墩：1959年11月6日开工，1961年4月29日竣工。

9号墩：1960年1月18日开工，1965年5月11日竣工。

2号墩：1960年4月5日开工，1963年5月31日竣工。

8号墩：1960年11月1日开工，1962年5月5日竣工。

7号墩：1961年1月26日开工，1964年4月29日竣工。

3号墩：1961年2月19日开工，1966年4月27日竣工。

6号墩：1962年12月10日开工，1966年1月19日竣工。

4号墩：1964年2月7日开工，1966年4月11日竣工。

5号墩：1964年2月9日开工，1966年4月11日竣工。

南京长江大桥大事记

1956年，国务院提出修建南京长江大桥的建设计划。铁道部即着手进行南京长江大桥的勘测设计工作，12月编制完成设计意见书。

1958年8月，铁道部邀请有关省市及部内外有关部门共同讨论南京长江大桥问题，同意宝塔桥桥址方案为桥址建议方案。

1958年9月，国务院批准成立南京长江大桥建设委员会。10月5日成立办公室，开始筹建工作。

1958年10月21日至23日，铁道部与中国科学院技术科学部在武汉召开第一次长江三大桥技术协作会议，研讨了南京长江大桥桥址的地质、水文、气象及新技术的采用等一系列问题，全国的技术力量为大桥的建设提供了有力的支援。

1958年12月22日至28日，在武汉召开第二次三大桥技术协作会议，选定大桥工程局设计的跨度160米的连续钢桁梁方案。

1959年1月，铁道部大桥工程局编成初步设计文件报部鉴定，同时进行定测，当年6月完成。

1959年2月，铁道部大桥工程局第二桥梁工程处由江苏邳县进驻南京南岸工地，承担5号至9号墩及其以南工程。6月28日，引桥工程开始打桩。9月，第四桥梁工程处由四川重庆进驻浦口区长江北岸工地，承担1号至4号墩及其以北工程。南北两岸职工最多时达10000多人。

1959年4月2日至5日，中国共产党八届七中全会在上海召开，讨论了南京长江大桥的建设问题。

1959年5月6日至10日，在南京召开第三次科学技术协作会议，针对上次会议问题尤其是基础方案进行了更深入的讨论。会议还专题研究了管柱结构、振动打桩机及钻机结构。

1959年9月，铁道部对设计文件提出了几点重大修改意见：通航净高由26米改为24米；为使7号墩能修建在较好的岩盘上，将各桥墩中心线沿桥轴线向浦口方向移25米；桥头建筑由128米改为97米。

1959年11月15日，中共江苏省委为协调地方和施工单位的工作,决定成立南京长江大桥工程指挥部。

1960年1月18日,9号墩钢围笼浮运下水,主体工程正桥桥墩开工,南京长江大桥建设全面启动。

1960年1月,大桥工程局委托中国建筑学会发动建筑设计单位和院校为桥头建筑征求设计方案。3月,从全国17个单位提交的57个方案中选出3个送审,其中南京工学院(今东南大学)青年教师钟训正提出的复堡式红旗方案被采纳。

1961年4月,大桥总体建设方案得到国家计委批复。

从1963年开始,在毛泽东、周恩来的指示下,鞍山钢铁公司研制生产出大桥建设需要的低合金16锰钢共1.4万吨。

1964年9月18日和9月28日,在秋汛洪水的冲击下,5号和4号墩悬浮沉井的锚绳先后崩断。经过近两个月的抢险,最终克服了沉井摆动,使大桥转危为安。

1965年10月和1966年年底,南北铁路引桥分别架设完成。1965年11月17日,开始从两岸相向架设正桥钢梁。

1967年7月19日,国务院、中央军委批准对大桥工地实施军事化管理。

1967年8月16日,历时21个月的架设,正桥在位于江心的4号墩合龙,主体工程至此基本完成。

1968年6月1日,江苏省革委会主任许世友动员组织会战，要求铁路桥国庆前通车，公路桥元旦前通车。

1968年9月9日，南京军区紧急增派有丰富施工经验的工程兵二团整建制投入大桥施工。解放军战士和建桥工人们风雨无阻，昼夜施工。

1968年9月，铁道部、南京长江大桥建设委员会、上海铁路局、大桥工程局对大桥进行验收交接。

1968年9月30日，铁路桥首先通车。

1968年10月1日，上海铁路局正式接管铁路桥并开始运营。凌晨3时，从福州开往北京的46次列车成为铁路桥上通过的第一列客车。

1968年12月29日，公路桥正式通车。

1969年5月1日，邮电部发行《南京长江大桥胜利建成》邮票一套四枚作为纪念。

1969年9月21日凌晨，毛泽东视察南京长江大桥。

1969年9月26日上午8时，南京军区为检验大桥质量，在江北集结国产轻型坦克和各型汽车，按一路行军纵队通过长江大桥。

1973年5月5日，南京东站交付使用后，下关火车轮渡停航，火车从此全部经大桥过江。

1978年，南京长江大桥获全国铁路科技大会优秀成果奖与全国科学大会奖。

1981年6月27日，中共中央十一届六中全会通过的《关于建国以来党的若干历史问题的决议》，把南京长江大桥建成作为一项重要成就写入。

1985年，南京长江大桥建桥新技术获得国家科技进步奖特等奖。

2009年10月，南京长江大桥被评为中华人民共和国成立60周年百项经典暨精品工程。

2014年，南京长江大桥被列入南京市不可移动文物，大桥建设档案入选第四批中国档案文献遗产名录。

2016年8月3日，南京长江大桥公路桥由上海铁路局移交南京市。

2016年9月，南京长江大桥桥头堡与人民大会堂等98个项目入选"首批中国20世纪建筑遗产名录"。

2016年10月28日，南京长江大桥公路桥和公众暂别，开始进行为期27个月的封闭式维修。2018年12月29日恢复通车。

2018年1月，南京长江大桥等100项工业遗产入选第一批"中国工业遗产保护名录"。

2019年9月16日，南京长江大桥被命名为"全国爱国主义教育示范基地"。

后　记

　　小时候居住在故黄河边，有山必有水，有水必有桥，一座座石桥木桥横跨河的两岸，虽然有些老旧，却也显得错落有致，灵气十足。铁铸的栏杆，宽阔的石板，结着墨绿的青苔。桥名出自大家之手，一个个字大如斗，端庄丰腴。清晨的微光荡漾在桥上，细细的露珠散落，河面上朦朦胧胧，渔民划着小船，真如仙歌般的世外桃源。

　　桥梁建筑的艺术实践，可追溯到两千多年前。早在几个世纪以前，就有外国旅行家赞誉中国是奇妙的桥梁之乡。河北省石家庄赵县境内的赵州桥，通体由巨大花岗岩石块组成，28道独立石拱纵向并列砌筑。在那个没有钢筋混凝土材料的时代，设计者大胆地在大拱的肩上掏出了两个小拱，这样不仅精巧优美，而且减少了流水阻力。北京颐和园的玉带桥和十七孔桥，以其美丽的造型，与周边的山水楼阁相映成趣。60年代建成的南京长江大桥，气势磅礴，雄伟壮丽，是科学技术与美学的完美结晶，不仅是新政权、新制度最具体的礼赞，也是中国人的精神图腾，一个激情燃烧的时代象征。

南京长江大桥建设时间之长，参建者之多，工程之艰巨，完成过程之复杂，都是十分罕见的，其所蕴含的时代精神、民族文化和启示意义流淌在每个中国人的血液里，是任何一座大桥都无法比拟的。

寻访过程很像收集古老瓷器的瓷片，尽管不是瓷器，但依然挂着神秘的釉色，绘着精美的花纹，显现着设计者的眼光和喜好，我有幸将这些瓷片拼成某个形状。

江苏凤凰美术出版社总编辑王林军、编辑李秋瑶老师对本书给予了热情的鼓励和悉心的指导。

在征集史料的过程中，中铁大桥局、中铁勘测设计院、江苏省美术馆、新华日报社、江苏省档案馆、南京市档案馆、南京史志办等单位、部门给予了大力支持，许多当年大桥的建设者以及他们的家人接受了采访并提供了大量珍贵的文物史料。本书在编写过程中，参考了有关书籍和文章，中铁大桥局摄影师李翔、南京电视台导演张家东提供了多幅摄影作品，为本书增添了光彩。借此机会一并致谢。

杨洪建
2024 年 8 月于南京